青春文学精品集萃丛书

我们的陪伴与分享

《中学生博览》杂志社　选编

时代文艺出版社

图书在版编目（CIP）数据

我们的陪伴与分享 /《中学生博览》杂志社选编. -- 长春：时代文艺出版社，2022.3
（青春文学精品集萃丛书. 年轻的我们系列）
ISBN 978-7-5387-6970-8

Ⅰ.①我… Ⅱ.①中… Ⅲ.①作文－中学－选集 Ⅳ.①H194.5

中国版本图书馆CIP数据核字(2022)第028753号

我们的陪伴与分享
WOMEN DE PEIBAN YU FENXIANG

《中学生博览》杂志社　选编

出 品 人：陈　琛
责任编辑：王　峰
装帧设计：孙　利
排版制作：隋淑凤

出版发行　时代文艺出版社
地　　址　长春市福祉大路5788号　龙腾国际大厦A座15层　（130118）
电　　话　0431-81629751（总编办）　0431-81629755（发行部）
官方微博　weibo.com/tlapress
开　　本　650mm×910mm　1/16
字　　数　135千字
印　　张　11
印　　刷　永清县晔盛亚胶印有限公司
版　　次　2022年3月第1版
印　　次　2022年3月第1次印刷
定　　价　38.00元

图书如有印装错误　请寄回印厂调换

编 委 会

编委会主任：刘翠玲　夏野虹　高　亮
编　　　委：宁　波　孟广丽　张春艳
　　　　　　李鹏修　苗嘉琳　姜　晶
　　　　　　王　鑫　李冬娟　王守辉

Contents 目 录

青春，本来就该丰富多彩

愿如尘的生命里，风景如歌 / 曹泽倩 002
两个女生的急诊医生梦 / 当家的 006
高三，我没有理由不努力 / 杜克拉草 010
青春，本来就该丰富多彩 / 顾 笙 013
雨天有时晴 / 果 舒 016
我从秦淮河上来 / 赫 乔 019
纸飞机划过的青春 / 马佳威 023

失恋三十三天

"初三党"日记 / 沐 迩 028
暖冬 / 齐 山 034
春生夏长秋收冬藏 / 晞 微 038
失恋三十三天 / 小太爷 045
我永远不会忘记 / 杨欣妍 051

我之于你，就像咖啡和方糖一样纯粹 / 养　分　063
我愿意蹲下来陪你做一只蘑菇 / 宇宙无敌如　070

彼岸旧时光

明年我们还在，好吗 / 暮浓城　080
有文字记得一路温情 / 轻　听　083
你微笑，青春打马而过 / 轻与慕宅　086
轻微好时光 / 清忽轻分　091
向量的方向 / 沙城浪　094
心如彩云，幽香满溢 / 双人旁　101
与爱情无关的莅苒时光 / 王永随　104
彼岸旧时光 / 小　漾　107

节巴巴的爱

木己 / 安小若　112
阿太，我是朝涨 / 朝　涨　117
天堂·远方 / 陈　茜　121
距离 / 当年月　124
修自行车的老爸 / 杜传青　126
凶巴巴的爱 / 何　苦　129
极品老妈大起底 / 狐苡楠　131

我对老段的感情很复杂 / 芮 媛　134
花开的声音 / 陈呵呵　137

等你，在阳光街暖的日子里

遇见你的夏天 / 五十岚　142
吾亦不煽情 / 夕 四　148
东风夜放花千树 / 晞 微　151
等你，在阳光微暖的日子里 / 曦 晗　154
给 W 先生的五封信 / 夏南年　159
413 写着我们的故事 / 张芯语　165

青春，本来就该丰富多彩

愿如尘的生命里，风景如歌

曹泽倩

看到高三的室友更新微博说："通往梦想的道路不止一条，重要的是不要因为害怕而停下脚步。"这样的话很多人说过，而我是因为她说才会去想一些事情。

在没有拿到那张毕业证书之前，我一直觉得高中三年是一段很长的日子，长得一切皆有可能重来，却不知道时光的河，只能往前流，从来没有重新来过。在这样一个很容易把彼此当成竞争对手的尴尬年龄里，我们八个来自不同地区、有着不同性格的人同住一个屋檐下，有过争吵也有过冷战。从开始有人词句锋利到后来有人摔门而去，这些都是因为那时的我们不懂得如何去守护彼此之间的感情，总在相处时亮出个性和锋芒，那段日子把一间小小的宿舍晋升成战场。

忘了是多久以后，我们八个人坐在操场的看台上吹风，嘲笑彼此当初的幼稚，用傲娇来掩饰内心的贫乏和弱小。嘲笑完各自的愚蠢之后又开始庆幸时间最终让我们都变得平和，那些偏执、邪念、怒骂、怨怼都被它软软地握在手里。同时它也将一块硕大的高考倒计时牌带到教学楼，安了家。第一次看它的时候被吓到了,高考明明在遥远的六月,让它一算就只剩下一百多天了。我们开始掰着手指计算着我们在一起的时间还有多少,没有人再去计较我们曾经用多么恶劣的语言相互伤害,那都是过去的事情了。我们躺在各自的床上互道晚安,渐渐的,我们多了很多"卧谈会",开始聊各自天马行空的想法和稀奇古怪的梦想。老五说,为着那嘹亮雄壮的知识进行曲,她要成为一个击鼓的人。吖思为着那深厚柔美的笔墨田地,便痴迷着要荷锄。彼时我晃着双脚坐在床上对着正在开夜车的她们说:"喂!如果有一天我成了作家,我一定要在每本书的第一页都写上你们的名字!"大鱼擦着她刚洗完的头发从浴室里走出来说:"大姐,麻烦把你的吹风筒借我用一下。"鸭子捂着嘴偷笑道:"大姐,把你的吹风筒拿出来比较实际,我们不要名字,只要吹风筒!"琳琳突然冒出了一句:"如果老天爷偷听到我们的谈话,一定会被我们对生活的热情感动到,然后赐我们以幸福的。"大家都笑了起来。这样的日子以后不会再有了吧,也许以后脑海里浮现最多的就是彼此的笑容吧?

　　高考越来越近,我们从困倦中醒来,又在疲惫中睡去。每个人都变得异常脆弱,也都经历着一些低谷时期,那个时候大家都会互相说些激励的话,约好谁都不准在第二天早上继续哭泣。当初我几乎得了数学恐惧症,琳琳便耐心地为我打开心结,甚至为我分析每道题的解题思路和规律。二模过后,我常黑沉着脸,跟谁说话都一副死相,心里烦躁时更是没法看。大鱼搂着我的肩膀唱陈升的歌:"是因为你对我温柔,所以我懂得对别人好……"我"扑哧"一下乐了,眼泪又忍不住汹涌而出。她突然正色道:"有些梦想我们可能实现不了,有些我们认为很重要的东西,总有一天会变得不重要,很多年以后我们回想起来,也许让我们觉得骄傲和真实的是我们昂首挺胸用力走过的人生。"我总觉得她们都是我人生中重要的朋友，总在我山穷水尽处悄然出现，她们教给我的，让我变得平和而轻松，其实完善的性格比知识本身更能影响一个人的一生。

当高考开始时，我坐在考场里，周围是钢笔划过纸张的声音，窗外有一片云。而那时的老五正在韩国转机去往美国，她最终放弃了高考，到国外求学。她真的远离了这片土地，而我连目送都没做到，山回路转不见君，甚至连雪上空留的马行处都没有，留下的只是一道轻飘飘的航迹云。

当考试结束的铃声响起时，我抬头看了看窗外，那朵云已经飘远，放下笔的时候长长地舒了口气，压在心头的大石块也随之落地。

宿舍凌乱不堪，课本、饮料瓶、扔掉的衣服以及还没使用的练习本、试卷……属于我们的喜怒悲欢会在这里沉淀，积攒成为灰尘覆盖下来，然后安然等待下一届学生一扫而空，像一个没有终点的循环。大鱼走过来抱了抱我，我拍了拍她的后背，感觉到她越抱越紧，我推开她，故作嫌弃地说："哎！快收拾东西走啦！"转身的那一秒眼泪还是掉了下来。

最后一次坐着校车，车驶离了校区，转出了栖居了三年的地方。记忆抽丝剥茧般，一丝一缕抽离身体。车里是一首接一首的歌，不知道是谁起了个头，大家跟着唱，不知道哪儿来的劲儿，一路上啸歌不尽，好像青春没完没了。而三年过往的一切却像一个丁零作响的闹钟，轻轻一按就停了。

高考成绩出来后，我们就像朴树在歌里唱的那样："我曾以为我会永远守在她身旁，今天我们已经离去在人海茫茫……"

毕业典礼上，校领导在礼堂的大舞台上讲："不管你们的愿望有没有达成，也许你们中以后有人会过上富裕的生活，也有人会过着非常潦倒的生活，希望你们记住，不管将来过的是怎样的生活，都不要自欺欺人，不蒙混过日子，坚持自己的信念。你们的道路漫长，愿如尘的生命里，风景如歌。"

如今我们带着彼此的约定行走在大学，不敢堕落，不敢放松。那三年一路走来，我才彻底明白了朋友的重要。友情是会伴随着人一辈子，但只有那种曾经一起为人生而努力过的友情，才会在时间的磨砺下愈见厚重，在岁月的沉淀下愈见澄澈。道路漫长，愿我们未来都充满奇迹，充满发现，即便遭遇坎坷、风暴，都不畏惧。

两个女生的急诊医生梦

当家的

当全世界都在迷恋韩国美男EXO或忙着看《小时代》时，我和冰冰这两朵奇葩却还在不受干扰聚精会神地看王茜主演的多年前的电视剧《无限生机》。理由很简单，我们两个小女生崇拜里面的男女主角，或者说是佩服他们精湛的医术。

某日，我们伟大的语文老师忽然谈到"梦想"一词，她兴致勃勃地问我们："你们的梦想是什么？"

班长被叫起来，可他淡定地摆弄了一下手中的课本，说："我也没啥梦想啊，就是考个好大学，考研究生，考博士，然后找工作，结婚生孩子呗。"语文老师有点儿失望，又叫起了她的得意门生秦可。

秦可的脸一下子红了，她小声嗫嚅道："就是……就是一辈子吃好的、玩好的……"然后语文老师又叫了每次考试分数都最高的范悦，人家范悦更直接，她大大方方地承认："我没有梦想。"

这回语文老师是彻底失望了，她摆摆手叫范悦坐下，问了三个她最得意的学生都没有结果，她准备结束这个话题。

可此时冰冰这朵奇葩举起了手,老师还没来得及叫她,她就自己站了起来,大声说:"我的梦想是当一名急诊室医生,这样可以救治很多人。"

"哄"的一声,全班同学都笑了。

我在下面哭笑不得地纠结着,可语文老师却将目光转向了我:"陈正君,你呢?"

"我也是。"我站起来,很干脆地说。刚才纠结的时候,我也想明白了,既然有梦想,又何必害怕别人笑话呢?当然,听了我的回答后,全班同学笑得更猛烈了。

语文老师有点儿错愕,她没有想到我们两个成绩不好的学生竟然可以把她的问题回答得这么好,顿了一下,老师微微笑着对我们说:"希望你们实现自己的梦想。"

又是一个炎热的六月中午,冰冰和我顶着火辣辣的太阳穿过操场爬六楼去上课,刚到楼梯口,一女生就那么直挺挺地在我们面前倒下了,冰冰吓得呆愣在一边,我赶紧跑过去。只见那女生面色绯红,脸上、脖子上都是汗,我对冰冰说:"估计是中暑了,送医务室吧!"冰冰有点儿犹豫:"那……我们还得上课呢。""咱们这种学生上和不上有什么区别?"说完,我背起女生,由冰冰一路扶着来到了医务室。

医务室的老阿姨不知又在看哪门子肥皂剧,还感动得一把鼻涕一把泪,看我们来了,不太情愿地离开电脑,开始给那个女生量体温。这时,不知怎么两句台词从我嘴里冒出来:"10毫克多巴胺入壶,肾上腺3毫克,静推,查血,抽血,配血型。"冰冰在一旁笑:"要不要再来个5%葡萄糖100毫升静推?""当然要。"我点头。那个老阿姨突然笑了:"姑娘,她中暑了,两瓶藿香正气水就行。"

可我像突然找到了乐子一样,决定把这个游戏继续下去,我向冰冰使了个眼色,冰冰马上对我说:"不好,没心跳了。"

"开放一个静脉通道,准备气管插管。"

"病人出现室颤。"

"除颤,200瓦秒。"

"200瓦秒充电完毕。"

"离开床边,300。"

"300瓦秒充电完毕。"

"恢复心跳,95/70。"

……

我们就这样一直说着,直到那个女生醒过来,她说了声"谢谢"便闭上眼睛休息,不再说话。

难得老阿姨从电视剧中回过神儿来:"好好休息一下吧。"闲得无聊,我便去看老阿姨看的什么电视剧,竟然是《无限生机》!我的心里一阵激动:"冰冰,是《无限生机》!"冰冰正在给那个女生倒水,我这一嗓子差点儿让她打翻了茶杯。知音啊知音,我激动得就差上去拥抱老阿姨了。我俩顺势和老阿姨聊了起来,一直到太阳下山还意犹未尽。

老阿姨催我们去上课,看到她脱下衣服去打饭,我突然对老阿姨说:"阿姨,让我穿一下你的衣服行不行?""行啊。"老阿姨很爽快地答应了,接着她让我穿上医生的大褂,戴上帽子,冰冰拿出手机,我站在床前,对着镜头微微地笑。

正当冰冰也要试穿时,老阿姨阻止了她。她拿出一件护士穿的短褂,边给冰冰穿边絮絮叨叨地说:"你俩虽然都想做急诊,但她能做大夫,你适合做护士。你看,她做事果断、反应快、性格有点儿刚但不躁,最适合做大夫了。我刚才看见你给那孩子倒水、扶她下床,说明你很细心体贴,做护士是再好不过了。"吃完饭,我们也没有放过老阿姨,缠着她说了许多事,老阿姨还说起了她在广东读医科大学的儿子,学临床急诊,她说:"那儿的条件还不错,你们要是真想学急诊,就朝那儿努力吧!"

照片洗出来后,我拿给老阿姨看,老阿姨戴起老花镜在照片背面写下"坚守梦想"四个字,她把她儿子寄给她的那枚中山医学院的校徽送给了我,她说,她的儿子已经读大三了。

我把校徽别在校服内侧,照片压在桌子的最底层,开始拼命地学习,不再叛逆。真正拼命后才发现很多问题其实并不难;冰冰也拿起了她的画笔开始努力,她说,她要和我一起考,超越梦想,一起飞。

真正熬不下去时,我会把手偷偷伸进校服里,摸摸那枚校徽,顿时就有了奋斗的精神。高二了,开始拼,因为有梦想,一切都还来得及。

那么,明年的中山医科大学,等我去报到吧!

高三，我没有理由不努力

杜克拉草

如果家里有人还在读书，那这个家就永远少不了一个话题——大学。

母亲大人终于对我这个即将成为"高三党"的女儿每周末一回到家就开电脑找韩剧、登QQ的行为看不下去了，手拿着锅铲身戴围裙二话不说就摁下电脑的关机键，"都高三了还玩电脑还上网，你还想不想考大学了？考不上二本你就不要读了！"

"妈，姐学习那么好才考了二本，你让我在这个成绩这么一般的人考二本是不是太为难我了？"我所在读的高中，整体成绩也很差，每年一千来人考试，但考上二本的人数用两只手都可以数得清。

这不公平，我要是能考上大学就不错了。我在心里愤愤地想。

高三的莘莘学子高考之后，领导要求高二学生全部搬到高三专用教学楼。其实从那天起，我就成了众多"高三党"中的一员——成绩不突出，外貌不突出，能力一般般。无论说哪方面，我都属于老师没有理由记得的那种。

我曾经梦到过考了全校的第一名，然后备受瞩目；也梦到过重要的考试考得一塌糊涂，收到班主任鄙夷的眼神。朋友说前者有点儿白日做梦，而让后者成为现实也不是不可能。

母亲大人从我上高中开始就整天唠叨同一句话：高三是地狱，大学是天堂，无论多辛苦，熬过地狱就是天堂了。

我不同意这句话，"大学毕业找不到工作还不一样是地狱？"我想都没想就反驳了她，正如我当初不同意去读技校而坚持读高中的态度一样理所当然。虽然在那时我就明白，在这种学校读书要考上好大学的概率低得你想用微米来计算。

高中不过是本一千多页的书，这本书太仓促。我已浑浑噩噩翻过了三分之二，没有留下过奋斗的足迹。我迷茫了两年，凭借初中不错的底子，靠着不好不坏的成绩向父母交了两年的差。

既然选择了，便应不顾一切，风雨兼程。我没有做到，起码高中前两年都没办到。

高一高二的时候，我学会了逃课。我跟同桌在别人上课的时候去厕所聊天，我们聊大学、聊人生，就是不聊眼前怎么学习。别人上晚修的时候我们去操场数星星，我说咱这智商就只够数月亮。

颓废也有离开的时候。可当下决心好好学习的我拿起数学课本的时候，我才发现那些方程式认识我但我却不认识它们。

在我开始发现时间不等人，身边同学的步伐变得越来越快的时候，我知道颓废了两年，我没有理由再去荒废我的青春，我没有理由让高三过得不充实。我要过的是那种教室、饭堂、宿舍三点一线的生活。

语文老师说："其实真正的学习是靠个人，老师只是给你引路而已，只要你想拼命，环境并不能影响你。"

化学老师说："如果当时我把女儿送去S市的学校，说不定就能考上北大而不是中大了。环境真的很重要啊！"虽然我们学校环境很差，但是我们这个班是我们学校环境最好的班级了。

我相信化学老师的话，但我选择了语文老师所说的。

只要你想拼命，没有什么能够阻挡你。

我没有舍弃手机。我不相信玩手机时间长与成绩不好成正比。不得不说手机帮了我很多忙。我的手机里有很多关于学习的软件，譬如高中物理知识、数学公式大全、英语流利说……我在"我要当学霸"这个软件中设置了高考倒计时：离高考还剩345天。每天点开手机看着数字一天天变少然后计划每一天要达成的学习目标。

灰姑娘可以成为公主，白日梦不是不可能成为现实，学渣也可以变成学霸。正如那句话所说的：Nothing is impossible（一切皆有可能）！

《青春派》里有句话说："高三，拼他个日出日落，争他个头破血流！"我很喜欢这句话，把它写下来贴在了我的床头。

其实我应该感谢妈妈，她没有像别人的母亲那样阻止我去看课外书，没有夺走我的手机。她每次刀子嘴豆腐心的唠叨不过是为了让我能再努力去奋斗，她不过是担心我将来考不上大学找不到好的工作，她只是不想看我再拿青春当赌注。

自己选择的路，跪着也要走完。

面朝大海，春暖花开。

下雨了，没伞的孩子必须快快跑！

青春，本来就该丰富多彩

顾　笙

当我秉承着Davi的"让学生饿着肚子上课是很不人道的"这个理论，光明正大地从抽屉抓起一个面包乐呵呵地啃时，Davi笑容亲切地从讲台走向我的座位。忘了说，Davi是我们的语文老师。我抓着没吃完的面包顿时有一种证据确凿、人赃俱获的感觉。

Davi拍拍我的桌子，笑容亲切地问道："你同桌请假？"啊，我同桌……噢，她是艺术生，今天去厦门培训了。想到这里，我冲他点点头，来不及咽下的那口面包含在嘴里。"向谁请的？"Davi继续发问，我下意识地就要脱口而出"Forever"——也就是我们亲爱的班主任的外号。幸好那块来不及咽下的面包阻止了我这没经过大脑的话，我快速咽下那块倒霉的面包，吐出了三个字："班主任。"

显然，Davi对这个答案很满意。他转过身，笑容亲切地走回讲台，开始了他生动的一堂课。

啊，我还以为他是要说我上课吃东西来着。

每个星期一的清晨，我都打着哈欠，踩着广播声，不紧不慢地晃到旗台前排队，参加庄重的升旗仪式。随着国歌的奏响，鲜红的五星红旗在初冬的冷空气中冉冉升起。庄重的升旗仪式过后，便是学生、主任以及校长在国旗下演讲。

第一次月考的成绩公布。在理科班的男闺密小A屁颠儿屁颠儿地来找我报喜。对，报喜。他一脸嘚瑟地说他考了年级第二十六，可以换新手机了。

我看着成绩表，他们的成绩都在往上爬，顿时觉得自己真是太不应该。似乎上了高二，大家都努力起来了。

经过深刻的自我反省后，我立志要在一百名内杀出一席之地。嗯，现在努力还来得及，知错能改就是好孩子。

"我说我要高考，谁都别想阻止我。你有什么资格阻止我？"我一进空间便看见大奔更新的这条说说，心想，这孩子又怎么了？大奔是一个准"高三党"，每天在学校与家这样的两点一线中挣扎。

第二天大奔告诉我，高三最近在招考高职单招的动员大会，她的班主任一直建议她爸爸让她去。一旦走上这条路就相当于高中白读了。我听后，毫不犹豫地和她站在同一战线上。拼搏三年不就是为了六月的那场战役吗？都已经到了补充弹药的最后阶段，却下令投降撤退，叫年少的我们怎会甘心。

我相信大奔一定可以在最后一年里好好积蓄能量，战胜高考，打下一场漂亮仗，所谓厚积薄发嘛，我等着她凯旋。

等到十八岁那年，我要用自己打工的钱买一台属于自己的单反，背上行囊去旅行。毕竟我们来到这个世界的机会只有一次，人生没有彩排,生活每天都是现场直播。

而青春,本就该丰富多彩。

雨天有时晴

果 舒

小镇接连下了两个多星期的雨,没日没夜的。天空黑着个脸,像个要不到糖就一直号啕大哭的小孩儿,由不得他人哄说。偶尔哭累了歇一会儿,不久又继续哭,一副不达目的誓不罢休的架势。出门的时候,路上的水洼一坑又一坑,一不留神鞋子就湿了,踩在干地板上发出"吧唧吧唧"的声音,留下一脚印的水渍。

软绵绵的天气熏染得我浑身上下都提不起劲儿来,心情似落叶被吹到了水洼上,只有大雨拍打时才会象征性地晃动几下。月考结果出来时,老师对我突然下降到倒数的成绩既吃惊又生气。我反应很平淡,他一副"恨铁不成钢"的表情指着我责骂,哦,不是骂,是批评。但那有差别吗?两者一样都让人心如针扎。

他说:"你压根儿就没学!"

他说:"别整天搞些没用的。"

他说:"别再放纵了。"

……

字字都像把剑,正中我的小心脏。

但他批评我的时候我出奇地没有反驳,他总说我没有礼貌,对我说出的每一句话都颇有意见,我不想再无端地挨骂了,索性就闭上了嘴巴。

我害怕老师的目光,它像一条围绕在我脖子上无形的绳索,我越在意,脖子就被勒得越紧,难受得好像要窒息一般。

我在晚修的时候学习到很晚才回宿舍,上课的时候一犯困就掐自己的胳膊,让突如其来的痛觉赶跑瞌睡虫,结果胳膊上留下的印痕久久不去。

我一直都有努力,一次月考失利又不能代表什么,有必要把我贬得一无是处吗?是,我是睡得比别人早、起得别人晚,但因为这样就要判我有罪吗?难道非要仿效晚上学到半夜一两点、早上五六点钟就起床奔向教室学习的同学才算是努力吗?如果这样才算是努力,那我可能永远不会是个努力的学生了。我不喜欢这种不要命的学习方式,学习只是生活的一部分,但并不是全部。我努力用自己的方式学习,即使在你眼中我是个懒人,但谁也不可以否定我的努力,我一直都积极向上。

星期六的时候,天难得放晴了,而天气预报说今天会下大雨。我把快要发霉的被单拿出去晾在栏杆上,提心吊胆地不停张望外面可能有不测风云的天空,害怕它没有酝酿好情绪就会突然大哭起来淋湿我仅有的一床被单。但阳光明媚了一整天,估计是天空那小孩儿终于要到大白兔奶糖了吧。

老师对我的态度还是不太友善,而我见到他都会自觉地低下头绕开走。他问我:"你最近怎么不理我啊?"我呵呵地笑了一声,心想:您老人家能理我就不错了,我哪敢不理您呀!真比窦娥还冤!

老师做事总是一套一套的,早上才跟你分析了哪里哪里不好，下午上课时又拐弯抹角不点名地批评你。凡事听三分就好，七分笑笑而过，天都放晴了，什么时候我的心情也能跟着放晴呢？

星期一晚上刮起了台风，呼啦啦吹起女孩儿们的发梢。教室的门来不及关好，被风吹起又重重地甩在一旁发出巨大的声响，吹开又合上，合上又被吹开。云海翻滚着，穿越粉红色的闪电，特别妖媚。突然，云朵似不经意地打翻了黑墨水，晕染开来，千丝万缕的黑，整个世界渐渐被笼罩在一片黑暗之中，犹如在天地之初的混沌里，一片幻影。

雷声大作，豆大的雨点从天空纷纷砸下，看这阵势，是受了多大的委屈，抑或是生多大的气才能这般啊！小孩子吃太多糖容易蛀牙，蛀牙的滋味不是一般人能忍受得了的，天空那小孩儿这是闹牙疼的节奏啊！

我也开始习惯早出晚归，不过这只是我认为的"早出晚归"罢了，在学霸的眼里，我还是来得有点儿迟，回得有点儿早。但我不在意他们的眼光，我知道我一直在进步就行了。

老师对我态度还是不浓不淡，这都不重要，我努力，只为自己。

天气预报说，明天多云转晴，十八到二十三度。我抬头仰望天空，蔚蓝的天际下，云朵一尘不染的白，几只候鸟掠过，一转眼便了无踪迹，犹如我的心情，鲜少有人在意。

我从秦淮河上来

赫 乔

去南京,说走就走

原本我的"十一"计划是跟一大票兄弟姐妹去凤凰和张家界的,眼看九月初了,同学们却犹犹豫豫地打起了退堂鼓,所以当我在学生会抱怨这件事时,一个叫娄大珺的男生跟我说,要不跟哥去南京吧。我又思考了一阵,如果一意孤行去凤凰,作为资深路痴的我多半是丢了都找不着公安局;如果是跟团走,对于自由至上我来说也太不靠谱了。所以我就决定跟娄大珺到南京城走一遭。因为我实在不想花心思打理任何事,所以我觉得把旅游前的准备工作交给别人,然后等出发的时候拎包就走是多美好的事情。事实是,我真的是想得太美了。娄大珺先生整个九月都在忙着大艺团的二胡排练和演出,跑完这场跑那场,结果高铁票是我买的,青旅也是我订的,就连出行路线也是我抱着电脑昏昏沉沉地看完拍板的。

南京是个什么样子的

我记得来南京之前，一个南京朋友跟我说，这就是个小城市。从南京火车站顺着地铁到张府园爬上地面的时候，阳光特别好，我穿着白衬衣都觉得自己反光了。南京，很亲切的城市，就好像家一样。街上好多骑着自行车和电动车的人，走在路上大家都不慌不忙的样子，上了年纪的人不是牵着一只小泰迪就是一条雪白的萨摩。

当然了，我们跑到德基广场，从一件衣服好几万的那种店前走过去还一副傲娇的样子；我们爬到顶楼排几个小时的队吃传说中的大排档；我们在中山陵和南京大屠杀纪念馆被夹在人群里带到这里又带到那里。

娄大珺走在马路上说，他还是没搞清南京是个什么样的城市。我说，先走着看呗。

我们去紫金山，从北麓暴走到中山陵，腿都要走断了，但是路上人很少，碰到的人都几乎和我一个样子，筋疲力尽但是一脸傻气的欢乐表情。我们去商城，南京的出租车司机还会劝我们不要打车，再走上一公里就到地铁站了，花上五十元钱不值得。

我看到的，就是这个样子。

吃喝玩乐都是好事情

从夫子庙回青旅的晚上我们买了两串糖葫芦，目测每串上有二十个裹着糖衣的山楂。我像举着两把砍刀一样和它们合影，我可以告诉你吃完糖葫芦之后我又来了两块广式月饼吗？

月饼是青旅看店的姑娘送的。她们是南京大学大四的学生，那天晚上我们聚在一起玩大富翁，加上我一共七个人。他们一眼识破我会成为华丽的黄金第七名，结果我在发给每个人五十元后发展到卖地卖房子来还债，果然第一个出局。被抛弃之后，我就跑到另一边打台球，现在想想竟然是第一次摸杆。

青旅里的人都认定娄大珺是实打实的文艺范儿，他一回来就用电脑放摇滚，然后和人谈李志和先锋书店，而我就是说这个好吃那个好玩还有我是多么多么的累啊。我完全就是在衬托娄大珺好青年的形象，事实上他有时候特别猥琐，严肃起来还特别吓人，这些事他们都不知道。

回想起来，我和娄大珺在吃喝玩乐的事上还是挺协调一致的，没办法，这都是好事情。

再说南京要用"回"这个字

他们问我，南京怎么样？我说我喜欢南京。我看娄大珺更新状态说，喜欢一个城市和喜欢一个人一样，才刚离开就开始思念。

像我这种三分钟热度的人，回来几天，居然还特别想念南京的街道。我走在自行车道上，娄大珺时不时把我拽到人行道上去，他说像我走路这么横冲直撞早晚得出事。我还想念先锋书店，我坐在书店门口给很多人写明信片，活生生被蚊子咬了六个包。就这么几天，却好像待了几年一样。对于我来说，可能喜欢一个城市也是和喜欢一个人差不多，只要几天就够了。

"什么时候再回南京啊?"我问娄大珺。他长长地"嗯"了一声,我接着说,"以后再说南京要用'回'这个字。"

去南京大学的时候,我穿着前面绣着花、底下缀着棉白织绣的米黄色裙子,娄大珺说我还真像民国时期金陵师范学院里的女学生。我想起去年的时候认识一个人,他跟我说,我的前世应该是秦淮河边上的歌女。

从南京回来,我突然觉得自己就像个从秦淮河走来的温婉的姑娘。

纸飞机划过的青春

马佳威

高考前一个星期我们又从高三教室搬回了高一教室,仿佛绕了一个大大的圈又回到了原点。一场混乱的搬迁让班里的同学喧闹不止,而我把一叠书抱上桌子时,不禁长长地嘘了一口气,然后打量着要与我并肩作战三天的桌子。桌子被整理得很干净,还能闻到桂花的清香,打开抽屉惊讶地发现一颗棒棒糖和一张折成纸飞机的海绵宝宝纸条,纸条上写着:"如果你发现这个,不管你是学姐还是学长,我都希望你考出好成绩。PS:糖可以吃哦。"我不禁对着这张纸条露出了久违的笑容。

这让我想起高三开学时认识的小学妹,刚入高中的她仿佛与高中生活格格不入,有时会在教室外的阳光下发呆,有时会拿着扫把扫枯黄的落叶。每次我走到她的背后拍她肩膀,她都会回过头对我嫣然一笑。在她生日的时候我亲手做了一个糖果罐,装着五彩的千纸鹤。当我把糖果罐给她时,她笑得特别灿烂。我在给她涂鸦的一封信上写下寄往向日葵烂漫处,我仿佛看见她站在向日葵田里向我招手微笑。

看见同桌搬好书安顿下来就径自开始演练数学习题,而我却在一边拿起最讨厌的英语试卷折飞机，折完后我拼尽力气往窗外投，看纸飞机在天空中平行穿梭，我想象出了一番欣欣向荣的场景：纸飞机在蓝色的天空中逆风飞翔，沿着阳光永不下落。可事实上，由于做工太烂，气流混乱，我的纸飞机未能飞得太远。

我一直以为上了高中就可以摆脱过去平淡的流年，可没料到高中只是初中的无限放大。想起曾经信誓旦旦地说要洗心革面，发愤图强，金盆洗手，立志成才，可是当我终于走到了这一天，高考赤裸裸摆在我面前，我才发现，我们只能轻而易举地缴械投降。就好像一个骑士走向最后的征途，不管天寒地冻，路远马亡，都要拿起自己的利剑与敌人做出最后一搏。可是，他还没有准备好坚固的武器、坚实的盔甲，他唯一能做的，只是潇潇洒洒写下一封遗书，只能麻利地甩甩头发留给观众最潇洒的背影，除此之外，他什么也不能。他还没有享受够高中最后的滋味，也没有吃够食堂难吃的青菜萝卜，在他决定义无反顾地往前走时，他多希望有个人抱住他的大腿说不要走，告诉他这场剧由于天气原因而延期。他多希望这是一场梦境，多希望灾难突如其来降临，高考取消。可是这一切只是假设，他别无选择，这是一个被人安排好的木偶时代，他唯一能做的，就是上演这样一出剧，让家长、老师和自己都满意。

高考，还有三天。青春，如同飞鸟飞过我们头顶，在天空不留任何痕迹，却无情地砸堆屎在我头上。那些无处安放的青春，像极了那些无处绽放的细碎小花，平静的流年交织成一段段斑驳的记忆。想起高考前的几个晚上，失眠，然后呆呆地趴在床上看外面的路灯，直到灯光一圈圈在脑海变得模糊，那些模糊又一点点变成光点，最后又不知不觉睡着了。但也许，半夜又会因为一个噩梦或者有人上厕所而被惊醒。那个时候我蒙着被子，莫名哀伤，觉得这是天底下最不幸的事。

高三那年生日过得特别平淡，也收到了一些朋友的礼物，而小学妹似乎消失在了我的世界，之后便每天沉浸在一张又一张试卷中，直到有一天在楼道拐角碰见她。她告诉我她一直记着我的生日，只是那天她感冒回家了。在她烂漫的微笑中，我似乎看到了阳光正掠过她的脸颊。

想起每天半夜躲被窝听广播，我们的卑微执着就像这首歌唱的：

> 我要一步一步往上爬
> 在最高点乘着叶片往前飞
> 任风吹干流过的泪和汗
> ……

最后的一个晚自习结束，同桌还是雷打不动地窝在自己的根据地上继续与模拟试题厮杀，激情已经充斥着我们的脑海，人类已经无法阻止我们学习的决心。这时，同学跑过来告诉我："外面有女生找你，笑容特别灿烂，可一直没敢叫你。"我出去看见小学妹站在门口，不觉有些惊讶，然后她看着我说："我等你很久了。"我说："我们离高考还有三天，所以要好好复习。"她从书包里拿出一个粉红色爱心形状的盒子，告诉我一定要回去了再打开，然后背起书包径自离开了。当我回到座位拿出信，看见信封写着"寄给一定要好好幸福下去的人"，打开粉红色的盒子，五彩的星星、彩带以及那么多的彩色纸飞机。

盒子盖背后写着：You are the best（你是最好的），纸飞机向上永不落。

最后一天，我就坐在这个靠窗的地方，窗缝儿溜进了一丝丝风，抬头看见外面阴霾的世界。明天是高考的第一天，战斗的号角已经吹响，日暮时分下起了黄昏雨，阳光下的雨引起了无数人的惊讶。这时候，不知谁折了一只纸飞机投向了窗外，在黄昏里显得格外美丽。无论我们是否能飞过彼岸，我们都要全力以赴。于是我折了一只纸飞机用力向外投去，它不断向上飞，划出一道完美的弧线。

失恋三十三天

"初三党"日记

沐 迹

我坐在电脑前，无比豪迈地在QQ签名上敲下这样一句话："恭喜你正式成为'初三党'的一员，要狠狠努力啊！"

2013年9月3日 开学第一天

早上6点40分。

我站在镜子前认真地打扮着自己。我把长长的黑发梳成一条大马尾，显得干练精神。希望自己一会儿是以最美的样子出现在新的班级。

第一印象很重要，我一直牢记着妈妈说的话。

摆弄了很久，顺便在镜子面前为自己打气加油，我对着镜子笑得一脸灿烂，眉眼弯弯。我背着书包告别镜子，打开了大门。外面的空气有点儿凉，到处都是行人忙碌的模样，还有背着大大书包的小学生们来来往往。阳光透过薄薄的云层折射下来，太阳还未升高，周围只有浅浅的阳光波浪，还隐隐浮着无数细小的灰尘。

我扬起一个大大的笑脸，就雄赳赳气昂昂地骑着单车奔往学校。

走过1班的时候，内心有着浅浅的异样，有点儿难过，有点儿不安。除了怪自己不争气，还能怪谁？不好好读书，老耍小聪明，总是为自己的小聪明而沾沾自喜，现在却被重点班淘汰下来。怕遇到以前的朋友、同学，怕他们惊讶无比地说："天哪，你怎么没进快班啊？"

我甩甩头发，让自己不去想，昂着头径直向前。

我站在初三2班的门口前，自顾自幽默道：我就知道我不是一般人，哈，原来我是"二般"（2班）的！旁边有几个人听我这么说，"扑哧"一笑，饶有兴致地看着我。我背着书包，笑笑，进入教室，挑选位置。

我很难过，自己没法进快班，可我不能这么做，我要过得很快活，不然就辜负了我这朝气蓬勃的年纪。

2013年9月5日　开学第三天

尽管开学已经三天了，我还是有点儿不适应自己已经是初三学生的事实。

偶尔还会恍惚地觉得，这几天经历的都是一场梦，我还是初二那个开心起来张牙舞爪的小姑娘。可偶尔会突然被周围陌生的同学所打破——我是初三生已是不争的事实了。

梦境和现实虚虚实实在眼前重叠。

竟突然想起在网上看到的一个句子："刚要成熟，又要老去，时光，好不禁用。"当初觉得这话十分老气，大有看破红尘世俗的意思。现在念念，又好像明白什么。但又觉得好笑，才多大的孩子，就说老去。

总喜欢咬着笔杆看着窗外匆匆往来的人，听他们或打趣或严肃或戏谑或调侃的话。

他们说，他们班和快班的老师都一样，他们是次快班。

他们说，哪班哪班的老师很凶，很严厉。

他们说，哪班哪班有个写得一手好字的帅气男生。

……

我没有像以前一样加入热烈的讨论，只是一味地学习。

上课挺直腰板，认真听课，认真做笔记。

我想要变得很优秀很优秀。不愿意以后辛苦进入快班后，成为默默无闻的绿叶。

我要努力，非常努力！

2013年9月7日　开学第五天

朋友小娜在身边手舞足蹈地介绍一本新看的小说，极力地吹捧是如何如何好看，如何如何精彩。

我打探了小说的书名，说有时间一定要去看。

小娜说她有书，借我看。

我拒绝了，虽然对这小说十分感兴趣。我认真地记下了小说的名字，在我的一本蓝色记事本里有着很多小说的名字。那些听别人介绍让我心里早已蠢蠢欲动的小说，我一直压制着不去看。

我对自己说，等来年六月过去，我一定要在小说堆里醉生梦死，三天三夜抱着不撒手，可现在不行。

放学后，我们三人并肩走向单车棚，夕阳浑圆浑圆地挂在树梢，把我们的影子拉得很长很长。然后，我们骑着单车飞奔，迎着夕阳而去。笑容放肆飞扬。风扬起我们长长的发，还把校服灌满，鼓鼓的模样。

疯狂过后，我们并肩坐在学校旗台上，抬头看着天空中流动的云和飞机划过浅浅的痕迹，晃动着光洁的小腿，嘴里哼着不知从哪里听来的歌谣。

"尔尔，我决定不读了。"阿琪的声音在耳畔轻轻地响起。

我转头看着她，笑容僵在脸上。

"我不想读了，我脑子笨，不如尔尔成绩好，家里条件又不如小娜，我想去打工。"

阿琪的目光没有停在我身上，她抬头看着流动的云，一字一句地说。

"阿琪……"小娜喃喃着。

我没有说话，小娜也没有再问什么。我们都知道，阿琪就是个死小孩儿，固执得要命，从来都是先斩后奏。说这话的时候，想必她什么都准备好了。

我也抬头看天，怕自己没出息地哭出来。我从来就不是个矫情的人。

"好吧，我一定把你的那份一块儿读下去。"我大声地说。

阿琪低头看我，眼眶红红的，但她瞬间就又笑了，眉眼弯弯，长长的睫毛上还有点点晶莹的泪光。

我们三人的手握得很紧很紧。看来，我们都怕忘记曾说过的永远，也怕风会吹散曾经的誓言。

我初三了。

我初三了呀！

知道吗？我初三了。

初三了，我们都要好好的，好好的。

2015年1月25日　晚8点53分

我坐在电脑前看着一年半前的自己写下的这些文字，想着过去发生的事。我虽然没有如愿地考上自己梦想的高中，但也没有辍学离乡背井地忙碌于北上广，我考上了另外一所高中，成为一名高中生。

少了自信，少了洒脱，觉得前途灰暗又渺茫。

认真歪着头，想想该怎么办？忧愁爬上眉头，看看手机屏幕上的自己，真丑。

今天下午，趁着阳光好，约上小伙伴去逛自己的母校——小学。

有种物是人非的伤感。

和朋友一路交谈，讨论过去发生的一切有趣的故事，我越讲越兴奋，像孩子一样手舞足蹈。好像时光倒流，往事重现。我又忆起许多年前嬉笑怒骂、爱恨分明、勇敢无畏的自己。

吃过晚饭后，便不停地在贴吧与人互通地址，说是要互寄明信片。我特地准备了一个抄写地址的本子，把要互寄的人的地址仔细又认真地抄录下来，有些地方闻所未闻，虽然素不相识，但总觉得又认识了一个"涯友"——来自天涯的朋友，心里觉得温暖又慰藉。世界上某个我不曾涉足过、见识过的地方，从未谋面的人保留着一张薄薄的明信片，上面有我的字迹、我的心情、我的气息，这是一件令人兴奋又激动的事情。明信片是心里的风景。

拍拍脸颊，弯弯嘴角。

遇到高兴的事，就要努力尽情地微笑。

暖　冬

齐　山

　　高三阴沉的空气压得我们有些喘不过气来，而我们在这个如同炼狱般的环境中就快要走完了高三的一半路程。每次走进教室，看到的永远都是埋着头不停写着似乎永远写不完作业的同学，每个人的身边都有一杯冒着热气的开水，那慢慢飘升的水蒸气让整个高三都变得模糊起来。

　　今年的冬天似乎比往年都要冷，闲暇的时候我会用手融化玻璃上的冰花，看着外面冰冷的世界。学校那些从建校就一直矗立着的梧桐如今也只剩下干枯的枝干在瑟瑟的冷风中颤抖着，一排一排的四季青也让寒冷冰封了那最耀眼的翠绿。高一高二的学弟学妹们缩着脖子快速穿行在校园的各个角落，像要赶快去完成某件事。猛然间发现，自己已经好久没有在校园看见高三同学们的身影了。是啊，都在做题，无休止地做题。我想，也许只有到高考结束才能完结这样的生活吧！

　　寒冷同样冻结了人们说话的欲望，所以才会让我们感觉冬天是寂静的。有时候，结束一天的烦琐后一个人静静地想很多事情，或回忆从前，或憧憬未来。

曾经有人说过我是孤独的，紧闭的心门让人很难靠近。我听后笑了笑，感觉自己挺失败的，连身边的人都觉得我很难交往。可我也想要读懂所有的人，但到头来却发现连自己都没有走出去，就像钱锺书的《围城》，那到底是一个怎样的世界。城里的孩子望着城外的亲人，城外的妻子等着城内的爱人，而我们心里的那座城呢？又有谁希望闯进来，哪怕面对的是紧闭不开的城门。

我记得才步入高三的时候有段时间想要放弃自己所认为的无用的学业。于是告诉爸爸妈妈想要辍学，母亲一个劲儿地劝我，可我就是听不进去。父亲知道后没有说什么，只是那天打电话对我说："既然不想学了就回家来。"电话中的声音没有丝毫的情感。

因为已经成年，回家的第二天父亲就给我找了份工作，在一家仓储超市搬东西，一个月七百块钱。

一切安排好了之后，我屁颠儿屁颠儿地去超市报到了。晚上下班回到家，父亲问我工作怎么样，我说："还好啊，挺好的，就是搬太多东西胳膊有点儿酸。"父亲听后没有说话，自顾自地吃饭。母亲则依旧劝我回来上学，我也依旧表现得不以为意。

一个月后该发工资了，可当我领到七百元钱的时候，除了有些许的欣慰与感动，给我更多的感觉是好累啊。回到家，告诉父亲今天发工资了，父亲淡淡地说："那是你的，自己支配吧！"听后却没有当初父亲给我零花钱时说这句话的欣喜。我知道，我想回来了……

碍于面子，我依旧去超市工作，但却没有了喜悦与激动，只是机械地搬着大大小小的箱子，感觉自己真的变成了一个搬运机器。累了坐下来休息，没想到前一天晚上在架子上没有放好的箱子摇摇晃晃地朝着我的脊背砸了过来。后背突然传来的疼痛，让我很快失去了意识。

醒来的时候已经在医院了，母亲看我醒过来立马着急地问道："难受吗？"我摇了摇头，把目光投向了站在床边面无表情的父亲，他看着我，没有说话。我的眼眶突然就湿了，转过头啜泣。母亲说："别犯傻了，回来吧！"听母亲这么说我哭得更厉害了，我哽咽地说："爸，我想回学校。"父亲依旧没有说话，转过身出去了。我知道，父亲比谁都希望我回学校上课。

出院以后回到学校，或许正如别人所说的那样，我变了。我不想就那么堕落下去，也许在谷底待久了，才发现心里最在乎的是山崖边的风景，于是开始慢慢地向上爬，即使很吃力……我郑重地告诉自己，我把自己给毁了，把最错误的决定作为人生的路标，风驰电掣般地行走了一段错误的路。现在开始难过地往回走，却发现回来的路上全是我留下的那些零乱的脚印，可是，不看那些脚印，我根本找不到来时的路，于是我哭了，可我却看到父亲笑了，同学笑了，甚至老师也笑了。

我想不到如果当初真的就辍学了自己会怎么样，或许连最基本的生存都是问题。打工的那段时间我也体会到了好多，每天都会有人以不同的方式生存着，每个人心中都存留着那一片神圣的净土，保持着那份原有的美好幻想和对未来的憧憬。哪怕再辛苦、再累，在回到家的那一刻脸上依旧挂着微笑……

明天就是圣诞节了，今天耳边充斥最多的就是关于平安夜的话题。一直搞不清楚从西方传入中国的节日为何会受到如此的欢迎。我也不知道为什么会在今天晚上没来由地涌现一股伤感。今天是那么喜庆，有送苹果的，有收苹果的；有说平安夜快乐的，有说同乐同乐的；有开怀大笑的，有保持沉默的。而我就是那个保持沉默的人，一个人坐在座位上，写着孤独的文字，听着孤独的歌。倒不是因为什么，只是突然想到这是在高中的最后一个平安夜了。

晚上，我没有上自习，一个人在校园里转了很久。看着很晚了却依旧亮着灯的高三的教室，我突然感觉那么温暖……

春生夏长秋收冬藏

晞 微

每一个有你的好日子

乔春生来敲我家门时,我刚用果汁机打好了果汁,听到敲门声后赶忙跳起来去开门。

陌生的男生站在门口,手上拿着一个包裹,"你好,是鹿昔吗?我是之前的快递员的儿子,我爸他这几天有事,让我来帮忙代班。你的包裹。"

"嗯。"我一边签字一边在脑中回想乔叔叔的样子,俩人挺像。我签好字,看看窗外,"你等一下。"转身进屋拿了把伞给他,"马上要下雨了,你拿去吧。下回送信或包裹时再给我。你叫什么名字?"

"谢谢。"他没有拒绝,"我叫乔春生,春天的春,生命的生。"

"哈,好像民谣的名字呢。"我打趣他。他笑,不置可否。

第二天他就还伞了,我有些惊讶:"特地来的?"

"嗯。"他点头。

我侧身,"进来坐坐吧。"说着便去给他倒水,"你要茶还是果汁?"

他有些拘谨,"不用啦。"

我笑,"怕我给你投毒?"

乔春生便坦然接受,"茶。"

等我倒好茶出来后,乔春生已经和我家狗狗混熟了,我过去坐下,"你俩倒熟得很快。"

他也不在意我的调侃,"它叫什么?"

"草绿。"

他揉着狗狗的毛,"它喜欢草绿色?奇怪又有趣的狗狗。"

真是聪明的人。

乔春生在后来的日子里给我送过四次快递,六封信。从他口里我得知他今年高三,在邻校上学,和爸爸在一起生活。喜欢狗,不喜欢仓鼠。

熟悉了之后,乔春生经常跑我家来,借着看草绿的名义蹭饭。因为我与室友在校外同租了一套房子,室友放假回家了,所以只有我一个人在家,多个人也多一份热闹,看在乔春生接二连三的"见面礼"上,我也就不赶他走了。

乔春生在的日子,一般都是我们俩坐在地板上看电影,或者一人一本书,一下午不说一句话,也能度过。

偶尔乔春生和我开玩笑说我看上去像个有怪癖的老人,又不爱出门又奇怪,我也毫不示弱地把抱枕丢向他。

是值得去做的

后来开学了，乔春生就不再来我家了。乔叔叔又回来上班，乔春生也不用再来给我送信和快递了。我们在周六或周日出去玩，我觉得自己已经习惯与他在一起了。

在我和乔春生看来，我们在一起似乎是理所当然的事，就像河流流经千山万水，最后流入大海一样自然。在过马路时，他自然而然地拉起我的手，我也很自然地在坐车时靠在他肩膀上打瞌睡。

室友是个来自江苏的女生，刚认识她时她的自我介绍很让我喜欢，她拢拢头发对我说："我叫江芙，'涉江采芙蓉'的'江芙'。哈哈。"因为同样喜欢苏打绿，我们不久就成了闺密。学校宿舍环境太差，我和江芙便搬了出来。

这天，我和乔春生刚打完电话，正碰上江芙要出去，江芙看着我，狡黠一笑，"男朋友？"

"对啊。"我嘿嘿一笑。

她突地来了兴趣，走过来坐下，挠挠我的手臂，"什么时候的事？我都不知道呢，你都不介绍介绍吗？"

我给她一个白眼，"打死也不说！谁让你也不告诉我你男朋友的事。"

她无奈地摊了摊手，"那算了，我先走了，我和他去看展览。"

"哦。"我埋下头继续收拾书。眼角瞥见桌子上的铁盒，我把它拿过来，把里面的钱倒出来数。

七百。还差一百。

在秀水街的店里,我看中了一把吉他,一直想拥有一把吉他的我为了把它买下来而攒钱,已经三个月没上网购物了,每天拼命做兼职。

我闭上眼睛,在脑海里勾勒它的样子,伸出手,仿佛在触摸它。

当你为了自己热爱的事情而努力时,你的心里会是无比满足的。为了得到它,可以将满腔热血悉数交出。

只要你要,只要我有

我后来还是没能买成吉他,因为乔春生过生日,我把铁盒里的钱拿出来为他买了台宝丽来。

付款时我顿在那里,看看手上的宝丽来相机,把它与脑海中的吉他换了个位置,安慰自己,宝丽来比吉他重要,咬咬牙付了款。

我和乔春生约好在秀水街见面,今天刚好是秀水街的庙会,我提着袋子在人群中,满足地看颤巍巍的老奶奶扶着老爷爷走过来,额头上用妈妈的口红点了个红点的可爱小孩儿扎着漂亮的辫子走过去。

"昔昔!"乔春生拍了拍我的肩膀。

我对他这么早过来有些惊讶,把礼物递给他,"喏。"

他接过,看见里面的东西后,高兴得笑眯眯,"谢谢。"

我们一前一后地走着,我看着他衣服后面的格子出神,有些好奇地开口:"喂,乔春生,你今儿来得挺早的,人这么多,你认了多久？"

乔春生摇摇头："不用认啊，你在人群里，我一眼就能认出你来，这是我的特异功能。"

我承认我被感动了。

乔春生猛的刹住脚步，狐疑地看着我，"你……该不会是把买吉他的钱给我买礼物了吧？"

我点点头。

他张张嘴，又转过头去，叹了口气，"傻子。"

我手上有道疤，是七岁时留下的。那时候家里养了只小猫，刚买来时用笼子装着，妈妈告诉我是因为怕它逃跑、乱咬东西而设的。我每天都给它喂鱼干，放学后陪它玩，哪儿也不去。

后来小猫变成了大猫，做了妈妈。我欣喜地伸手想抱小猫来玩，却被大猫咬了一口，好了以后，我每天仍给它喂食，陪它玩。

我愿意一直付出，对于我爱的，能得到一点点回报，就够了。

化骨绵掌

江芙今天特别勤快，一大早就起了床，隔着一个走廊就听见她在客厅里收拾东西，我翻了个身继续睡。等到我起来的时候，望着客厅和房间不禁目瞪口呆："你……什么情况？"

江芙穿得一身明亮，看上去像杂志上的淑女，但她迅速回头奸笑的样子出卖了她，"今儿我男朋友要来这儿吃饭，你收拾漂亮点儿，别穿着睡衣披散个头发。"

我"喊"了一声，不情愿地找衣服，天知道我多久没买新衣服了，为了买吉他省吃俭用，却给乔春生买了宝丽来，结果没有一件衣服可以在他的镜头下穿。

江芙接了他的朋友来，过来敲我的门，我打开门，愣住了。

江芙笑盈盈地介绍："我男朋友，乔春生。春生，这是……"

"我是鹿昔。"我接过话头，"我记得他嘛，放假的时候他来找过你，结果却碰到了我，他还骗我说他是送快递给我的，其实是送给你的。"

"哈，真的？"江芙回头看乔春生。

"对呀，嗯，我和鹿昔见过。"乔春生笑得很淡然。

江芙点点头："那好，我还担心你们合不来呢。你们先聊一会儿，我去准备今天的午饭。"

我看着江芙走进厨房，盯着她的背影发愣。脑中把事情梳理了一遍，开口问乔春生："我刚刚猜得对吗？"

"对不起，我只是因为好奇。"乔春生的理由挺冠冕堂皇。

我终于明白了庙会那日他的叹息，不是因为被我感动，而是于心不忍。我是他口中的傻子，为了满足他的好奇心不遗余力地做着我认为很值得去做的事。

但可悲的是他仍以平和的态度与我道歉，而不是直接在我心上捅一刀，他的化骨绵掌让我对他恨不起来。我的付出是我一厢情愿，也是我心甘情愿的。

"你还好吧？"乔春生关心地问。

"我不好。"我抑制不住地浑身颤抖。

"鹿昔……"

"我们就这样吧。"

这一次，他没有认出我来

我已经很多年不见江芙和乔春生了。原来你想要避开一个人，是真的能做到的。毕业后我去了另一座城市，到今天为止有两年没有回秀水街看看了。

正是夏天热燥燥的时候，我跑去水果摊买了一个西瓜。

我看着满头大汗的老板，他的T恤已经泛黄，我转过头看秤，"老板，你的秤准吗？"

"准，放心好了。"他对我一笑。

"天这么热你还要出来摆摊啊？"我有些惊讶。

他只是一笑，带着卑微与疲惫。

这一次，他没有认出我来。

失恋三十三天

小太爷

当我看着杨真和乔巧手拉着手向我走来时,我唯一的念头就是:地缝儿在哪里?快让我钻进去!同时也在心里把这俩人鞭尸了万遍。

"嗨!"我强忍着怒火,足够温婉贤淑地打了声招呼。

"嗨!"杨真愣住,乔巧却笑了。

"是啊,我们两个已经在一起了!"杨真一副"要杀要剐随便你"的样子。

"恭喜恭喜,喜结良缘!"萧达那熟悉的声音在我耳畔响起,他有力地拖住了要昏厥的我,同时也化解了尴尬。

萧达转身拽我走,挽着我的胳膊,从裤兜里掏出一包纸巾。

"擦擦眼泪吧。"

我没顾那些,直接一把鼻涕一把泪地都抹在了他新买的衬衫上。

第 三 天

我和萧达是发小儿，一个医院出生一个大院长大。青梅竹马谈不上，两小无猜怎么也有了。我想什么他都知道，但以我弱智般的智商却怎么也猜不到他在想着谁家的闺中小姐。治愈系的爷们儿萧达每天就像打了兴奋剂一样，一大早就出现在我家门口，笑着对我爸妈说"阿姨好""叔叔再见"，然后与我整日纠缠。

嗯，其实是和我一起纠缠在游戏机前。

我俩盘腿坐着，一人一个手柄。超级玛丽跳啊跳，跳得我眼睛都花了。

第 十 天

直到我失恋的第十天，我才勉强敢打起精神撕伤疤。

我喜欢杨真，用的是最省钱的暗恋。他个子高，会打篮球，气质与美貌共存。雅痞风格征服了我。尽管现在我觉得他就是一混蛋，但我还是得承认他长得的确帅。

我暗恋他这事，我只和我自认为是最亲近的同桌乔巧说过。她拍着胸脯跟姑娘我保证马到成功，情书带到，三日之内跪地求爱。

我绞尽脑汁地写了情书，措辞语气都万分注意，既要严肃又要不失活泼，既要体现出我的文采斐然又要表现出我的仰慕之情。我熬了三天的夜，用墨水笔誊了一次又一次，直到连我自己都感动了才肯让她转交出去。哪知这一转便全无了回音。

后来通过萧达的途径我才知道，乔巧把我的情书给了杨真，杨真一看羞涩的爱慕者没署名，还以为是乔巧写的。乔巧假戏真做就成了。用膝盖想都知道当时的情景。乔巧说："我班那个谁谁谁也喜欢你。"杨真说："放心吧，我只喜欢你一个。"

我现在只想让杨真知道那个文笔熠熠生辉的妹子其实是我！可萧达说时候还未到，等火候到了的时候他亲自帮我操办，争取三十天打个翻身仗。

第二十天

封闭学校的假期很短，我现在唯一记得的就是萧达跟我玩了好久好久，玩到我俩都困得不得了，倚在一起就睡着了。

吓了第二天推门而入的我爹妈一大跳，不细看还以为进了凶案现场——萧达说的捏柿子可以解压。

"妞儿，还记得哥跟你说过那个计划嘛？"萧达下课时神神秘秘地蹭到前排。

"跟哥走吧，不会错的。敢欺负我们家陛下？等着吧，爷让他好看！"他眼神转向了窗外，愈发迷离起来。

第二十三天

"号外号外！情书泛滥，杨真身陷婚变！号外号外！"

我坏笑着拦下了叫卖的同学，"同学，热乎的绯闻来一个。"

"当年乔巧追杨真的时候那封情书大行于世，更重要的是咱杨真很看重这情书，乔巧也曾经为表忠心特意发誓说这是专门为他写的。所以……"

"我懂了。"

"客官您真聪明！"那人一笑，我从兜里掏出五毛，"捐校报了。"

"谢客官打赏，拜拜了您哪！"他一溜烟地跑没了。

"爷们儿！咱的计划成功了！"我捏住萧达那张保养甚好的脸使劲蹂躏，"太谢谢你了，给姐们儿出这口恶气！"

萧达在同学中大肆渲染为暗恋的同学写一封惊天地泣鬼神的情书，然后接了活儿我就开始批量生产当时写给杨真的情书——那封乔巧拍胸脯保证是她写的情书。

如果情书真是乔巧写的，那么如今只字不落漫天纷飞，成了求爱宣言，杨真应该做何感想呢？

我和萧达紧锣密鼓，好戏精不精彩，接下来就要看杨真和乔巧了。

第二十五天

说实话我现在真不怕她，她负我在先，我又何须给她留颜面？

"我知道是你做的。"她端了架子出来，偏巧我就不怕这个。

"我做的又如何？你敢跟他说真相？"

"我错了，我求求你帮帮我吧。我其实也喜欢他很久了。"

"喜欢他很久也不能利用我！绝不能！"

"我若告诉你个秘密，你可否愿意帮我挽回残局？"

"视私密程度而定吧！"

她挑了挑眉毛，"萧达一早就知道我匿名投情书的事，他也知道我和杨真好上了，你信吗？"

"我……"我迟疑了。

第三十三天

就像我当初和萧达预料的三十天打个翻身仗，乔巧的百般恳求最终还是没有唤回杨真的心。年少的感情就像不可多得的琉璃孤品，轻脆易碎，一旦砸了就是满地碎片，再也无法复原。

我们赢了。可是，我输了，他也输了。因为，我也和萧达冷战了快一周。

起初他还很奇怪，没事还来逗逗我和我说说话，慢慢的，热脸贴了冷屁股，也就躲着我远远的了。

说实话我真的很难过，我没想这样对他的，我只是受不了欺骗。

周末放假回家的那天午后，萧达像往常一样敲开了我的家门。

"琴歌，我真的不是有心要骗你的。咱俩从小就好，自家兄妹一样。我不能眼睁睁地看着你被杨真欺负。杨真是什么人我很清楚，可我一直知道你喜欢他我不敢告诉你，我怕说了你伤心。我本来觉得乔巧替你担了这事挺好，谁知你又那么伤心。看着你伤心我心都碎了，一片一片……"他抬头看看我又赶紧低头下去，神情活像受了委屈的小孩儿。

"笨，乔巧是什么人，你耽误了她，她会替你保密？"我轻声说道，终是不忍。

"我知道，只是，我很希望有朝一日我有机会告诉你……"

"告诉我什么？"

"告诉你，我很喜欢你。"他盯着我。

我永远不会忘记

杨欣妍

1

我是一个喜欢寂寞的孩子,火红的木棉花,还有清脆的钢琴声,它们总是像幻影一样充盈我的脑海。

我是一个不爱与别人交谈的孩子,即使我有很好听的声音。我也曾活泼开朗,但那是很早以前的事情了,大概是父母离异以前吧。

我每天都穿着漂亮的裙子,听各种各样的摇滚CD,抱着厚厚的小说或绘本安静地行走在学校的小道上,那些灰尘与树上飘落的花瓣在我的脚下安静地躺着。小王子是我唯一的朋友,我只会向他倾诉。

小王子总是陪在我身边,踩着我的影子行走。他总是说:"忆,我们要不要离开这里?"小王子是个很好的男孩儿,笑容温暖明媚,让我想起了爸爸所在的城市,那些火红热烈的木棉花。

香樟树是一种安静的植物，我住的小区里有很多，我喜欢它们的清香。小王子说："忆，或许你上辈子是一棵香樟树。"我问他为什么我不会是一朵木棉花。阳光在此刻有些炙热，眼前被照得有层层的黑影。"因为你不热烈，或许你是知足的，只是用寂寞代替了快乐。"小王子轻声地说，手中翻开的画册正是梵高的那幅《向日葵》。

　　我和小王子都非常喜爱梵高，小王子最喜爱的是梵高的《星夜》，他说，他看出了那个自愿住进法国雷米疗养院的寂寞男人在画《星夜》时的绝望。我微笑着，戴上耳机听摇滚。

　　我是个人云亦云的孩子，郭敬明在《天亮说晚安》中提到了几张专辑，于是，小王子在音像店里寻找了很久，帮我买到了这几张CD，我很喜欢听，只是我的理由总是与众不同。

　　我是个与别人格格不入的女孩儿，有的时候我会问小王子为什么总是愿意陪伴着我而放弃那些亲切、热情的孩子。小王子总是会在这个时候抬起头望着湛蓝的天空，然后笑得眯起了眼睛，告诉我因为我们有共同的爱好与梦想。我想起我曾与小王子说过，我最喜爱的生活，就是每天写下那些我所热爱的文字，以后攒钱开一家小书店，每天听摇滚、写作，做一个世界上最平凡的人。

　　我叫单忆，应该是善于回忆曾经那些温暖的意思吧，但我总觉得应该是单一的意思，单独一人，毫无依靠。小王子说怎么会是单一，至少还有他陪伴。我说要是有一天他离开了呢？小王子愣了一下，呆呆地望起了天空。

　　小王子的QQ签名是：梦想，我不会离开。我知道他写了很多的文字，只是投稿后都石沉大海，我也一样。但是还好，我们一样执着，都深信不经历风雨怎么会遇见彩虹。

有的时候，小王子会抱怨，为什么艺术里不包括写作啊，为什么艺考生都是学音乐美术的，难道写作不是一种艺术吗？我抱着膝坐在阳台沉思了很久，然后望着满目的星空说，写作是一种没有人会理解和发现的艺术，它就像画素描时塑造人物形象一样，写作塑造了我们的感情。我第一次这么一本正经地说话，感受到了汹涌的绝望。我想还好我还有小王子的陪伴，我不会像梵高那样割下血淋淋的右耳然后朝自己开枪。

小王子很喜欢听周杰伦的歌，有的时候我也会听。天黑的时候，小王子听周杰伦的《东风破》，我突然就想起了小时候，爸爸妈妈一起教我玩手影时其乐融融的场景。

2

初夏的夜晚有些短暂，香樟树浓烈的芬芳环绕着我，我抱着郭敬明的《夏至未至》听耳机里庞大的轰鸣声。小王子买了冰镇的可乐，我和他趴在马路边的栏杆上看川流不息的车辆与人群。抬起头时，我望见了小王子脸上淡淡的忧伤。我说孩子，你还是回到那些正常、快乐的孩子们中间吧。小王子的脸上很快浮现出了明朗的笑容。

我开始很喜爱夏季，夏季热辣的风为我的脸上增添了一层又一层的雾气，同时，也将我心中的棱角磨平了很多，但我依旧不爱说话。

小王子的生日在七月的中旬，最炎热的时候，我戴着耳机走了很多的路才找到了梵高的精装版画册，很好看，我知道小王子和我一样喜欢梵高画中的那些单色调的华丽与精致。

我掏空了钱包还是差了几块钱，于是我顶着夏天的阳光去附近的银行取了一千块钱。每个月爸妈都会从不同的地方往我的卡里打很多的钱，只是我一直都不是一个花钱大手大脚的孩子。

　　回到书店的时候已经只剩下最后两本了，我不知道从什么时候开始，梵高的画册那么受欢迎，我原以为只有我这样寂寞的孩子才会喜欢。我抱着两本厚厚的画册走到街道边时，看到小王子正安静地站在香樟树下，香樟繁茂的枝叶在小王子的脸上映出斑驳的树影。小王子看到我时，露出了淡淡的笑容。小王子依旧递来冰镇的可乐，我拧开时，上升的白色泡沫像是一道孤独的门槛，隔开了我与瓶中黑色液体的触息。

　　我和小王子路过一家音像店时，小王子进去买周杰伦的最新专辑，我站在店外巨大的海报下一页一页翻看梵高的画册，那些金黄色开着柔软花盘的花与蓝色的星夜布满了一张张平滑的白纸，绚丽、繁华。

　　小王子从音像店很开心地跑出来，手里拿着周杰伦的《跨时代》与一张摇滚CD，他把那张摇滚CD递给我，然后安静地与我并肩走在大街上，我们的脸上被阳光盖上层层的水汽。

　　身边不时有穿着蓝色二中校服的学生骑着单车飞驰而过，用那样专注的眼神面对着这个社会，我第一次看到那么认真、单纯的眼神。小王子说，其实我们的眼神都是干净、认真的，只是每个人都看不懂自己。

　　我安静地听着小王子的话，好像有一种纯净的色彩渲染了我的曾经。天空中有一群白鸽飞过天空，好像是为了体现夏天的炙热。我们都在努力，一点一点地前进，可是谁都不会知道自己什么时候才能看到山顶。

　　小王子的十五岁生日是在一家油画店度过的，那里有梵高的

《向日葵》与《星夜》。不知道为什么，我们都很喜欢油画的感觉。安静、浓烈的寂寞，或者是静寂的优美。

晚上，我和小王子坐在窗前翻看上次我买的画册，我在小王子的画册封面上写道："想起梦想，就像想起了一个寂寞的梦。"小王子看到这句话时，愣了一下，随即，眼神便透露出了软弱的寂寞。原来，我们还是曾经那个会因为得不到一样东西而哭泣的孩子，只是现在的我们学会了用微笑来掩饰内心。

小王子很晚才离开，临走的时候他说："忆，谢谢你，这是我度过的第一个生日。"我安静地微笑，心里却开始澎湃。我站在窗口看到离开的小王子在深黑色的夜幕中静静地抱着我送给他的画册，就像是小时候我们抱着一个哭了很久才得来的棒棒糖。

我转身走进卧室，把音响开得很大，放许飞的《那年夏天》，听许飞唱着："曾经以为，世界很美，没人流眼泪，吹熄蜡烛，许的心愿，全都会实现。原来的我，怀念从前，是因为太留恋，懵懂的岁月中，只藏了简单的笑脸……"我突然感觉安静的歌曲也很好听，带着一种迎着寂寞与伤心奋力前进的美好。

3

小王子的奶奶是在七月末的时候去世的，走时带着平静的笑容。那天晚上，小王子敲开我家的门，用红肿的眼睛望着我说，忆，奶奶去世了。我呆立在门口很久，眼泪不知道什么时候已经滴落在有些肮脏的地面上。

我想起几天前我去找小王子时，那个慈祥的老人还在笑着和我聊天，说小王子最大的梦想就是可以做一个平凡的写手，我的文章写得很好，一定要帮帮小王子。我那时还一个劲儿地点头，说会和小王子一起努力。我忽然感到好害怕，我很怕我和小王子共同的梦想也会这样突然消逝。

之后，我和小王子漫步在这个城市最平凡的角落。一路上没有说一句话，我想起那天晚上小王子抱着我送给他的画册时小心翼翼的样子，我第一次有些心疼这个比我小一岁的男孩儿，他的阳光全部都是用来掩盖寂寞的，他每天活得一定很累吧。

街角种的香樟树依旧散发着浓郁的芬芳，我突然感觉到了离别的味道，这时的我却释然了，这几年发生了太多的事情，我已经学会了面对人生中的寂寞与眼泪。

八月快结束的时候，我和小王子去学校报到，校园里挤满了晃动的人，浓重的汗味充满了整个空气，好像有某种令人窒息的气体穿过了整个身体。小王子很体贴地递来一瓶冰镇可乐，瞬间在喉咙间退去了温热。

我和小王子走到教室的时候，班主任正在滔滔不绝地说那些开学致辞，我戴上耳机，和小王子从后门进去，坐在一个不起眼的角落里。小王子安静地坐在我旁边编造着他的梦想，我则听着耳机里似乎要穿透耳膜的轰鸣声。

我翻开英语练习册认真地完成，交给课代表的时候，我看见小王子惊讶地望着我，我安静地低下头开始翻梵高的画册，我总是会不厌其烦地翻看很多遍梵高的画，直到画册的边边角角开始破旧。

文字是我的梦想，我不知道自己是不是个可以为了梦想而放弃一切的人，我是个好孩子，好孩子是不会拖拉作业的。小王子在写《明灭的青春》，很忧伤的一个短篇，已经快完结了，小王子说这是他最忧伤的文字，看得我像是度过了一辈子的时光，我终于理解了一眼万年这个词语。

4

　　记得曾经看到过一句话。"很多事情都是没有理由的。"不知道如果我当时看到了这句话会不会就不那么伤心了呢？

　　小王子离开是在九月份，天空晴朗的下午，他把一封信放到我的门口就安静地离开了，带着留恋与永远的梦想。我撕开信封，掉出两张薄薄的白纸，清秀的钢笔字展现在眼前。

　　小王子说，他要回到海南爸爸妈妈那里了，但他的梦想永远都不会变。我第一次有了写信的冲动。小王子，海南是个很好玩的地方吧，我小时候最想去的地方就是海南呢。我写了满满的三大页，将我所有的寂寞都埋葬在青春的笔尖上。原来，离开是可以这样悄无声息的。

　　小王子离开后的很长一段时间里我都在拼命地写那些深爱着的文字，因为我怕有一天文字也会离开我，我不想一无所有。每天，含混的生活在文字与摇滚中的日子变得很短暂，仿佛根本就没有经过我的门槛。

　　我开始买很多很多的小说，有的时候，我抱着厚厚的小说看见床头边落满浮灰的厚厚的梵高画册时，心中有些隐隐的痛。记得有一次小王子听周杰伦的歌时，我听到里面有一句歌词说："雨落下雾茫茫，问天涯在何方。"当时我就很喜欢，只是我没有想到以后的日子里，这句话就像是为我准备的。

　　我开始和一个叫陈梦凡的女生走得很近。凡凡是个很开朗的女生，我不了解她，但是她和我一样，喜欢写那些好看、静丽的文字。我和她是在一家很小的书店遇见的，那天我看见她站在书店的角落里抱着那本夏七夕的《后来我们都哭了》泪流满面的时候，我们就有了一种惺惺相惜的默契。

我和凡凡的关系开始变得很好，我说我的名字就是单一的意思，凡凡说，她是最平凡的人。我开始喜欢说话，和很多人交谈喜欢的事物，凡凡说："忆，你终于开始正常了。"我安静地微笑。

我们去逛一家满是可爱饰品的小店时，看到街道边整齐地种着一排香樟树，我抬起头很开心地笑。我说："凡凡，你看那些香樟树，它们沉淀了我十五岁以前全部的寂寞与回忆。在连绵的香樟树的芬芳中，我和一个叫作小王子的男孩儿曾一起朝着梦想的方向努力前进，只是后来他离开了，还好，我又遇见了你。"凡凡望着茂密的香樟树紧紧地抱住我。

我和凡凡离开那条满是香樟树的街道的时候，我对自己说，记忆，就让它永远停留在从前吧。

与凡凡在一起的时光以年为单位，四季分明。我依旧会在每个月的月初收到小王子的信，干净的字迹，安静的话语。我知道他在为了梦想努力，我也一样。我站在香樟树的芬芳下展露出笑容。有的时候，安静地完成一件事，过程才是最幸福的经历。

十六岁的生日是在"仙踪林"度过的，我和凡凡还有一大帮人喝着满是泡沫的卡布奇诺，叽叽喳喳地讨论明星八卦。看着那些兴奋的脸，我的心里涌起一阵难过。我忽然想起那个炙热的夏天，浓密的空气以及小王子安静的脸，可是曾经的那些记忆在小王子离开的那个夏末就已经颠覆了原有的轨迹，在我的记忆中轰轰烈烈地飞驰而过，为我从前的寂寞与怀念徒留一片巨大的空白。

我起身说不舒服,让凡凡她们继续玩,我先走了。很多人只是点了点头,就继续聊天,让我这个今天的寿星比那些空气还要平凡。我沿着街道安静地走着,耳机里传来好听的摇滚,百听不厌。曾经的那家挂满梵高画册的小店依旧安静地立在那里,就像曾经小王子安静的笑容。

那家画店的《向日葵》还是在绚丽地盛开,奢侈的华丽,近乎耀眼的色彩。离开的时候,我的手中拿着梵高的《星夜》,闪亮的黄色,寂寞的蓝色,暗淡的黑色。我忽然就理解了小王子的话。

一个晚上,我都在摇滚与画册中度过,我还花了很长的时间翻看自己曾经的文字,那些成稿后的文字依旧有着它们的寂寞与明亮。青春、梦想、流年、散漫,这些词语如同匕首一般划破曾经的天空,呈现在我眼前的除了大段的空白,还有两个词:再见和曾经。

合上那些大本大本的白纸时,天边透出一缕微弱的光芒,所有的文字都渐渐离我远去。远处的天空有人在燃放礼花,那些闪烁的金点隐隐约约呈现在苍茫的天空中,显示着微不足道的光芒。

5

我背着大大的书包走出家门时,凡凡从门口跳出来,嘻嘻笑着递给我那本借给她很久的《再见,冥王星》。我对自己说,就要像书中的单影告别自己冥王星一样的生活那样,与自己的曾经说再见。

我的生日过后，就开始了高考的倒计时。每天那个变换的数字格外醒目。我和凡凡也开始抱着厚厚的书本弥补那些因为小说而忽略的知识重点，让自己的成绩单上不出现红色。凡凡比我努力，她每天都抱着厚厚的资料，即使是在吃饭的时候，她也会抱着那个记满了单词、公式的本子，念叨不停。小王子还是会来信，我告诉他，高考后我会到他的城市去玩。

　　高考来得很仓促，像是没有经过我就跑远了。我发挥得很好，但是凡凡却因为太紧张发挥失常了。分数出来的那一天，凡凡跑来，强作笑颜说要祝贺我。我看着眼前的这个小女孩儿心里好难过，就像是那天看到小王子紧紧抱着画册的那个无助的身影。我觉得凡凡和小王子永远都是个孩子，而我在不知不觉中长大了，终于到了不能够大哭大笑的年龄了。

　　我拉着凡凡去了我们城市里所有她爱去的地方，一路上她安静地与我并肩走着。我买了她最喜爱的娃娃给她，她也不会笑。分开的时候，我紧紧地抱着她，感觉到她骨头的棱角突兀地印在我的身上，不知道从什么时候开始她变得越来越瘦。

　　凡凡离开之后，我掏出手机，犹豫了很久，给她发了一条短信。我说，凡凡，好好努力吧，再见，曾经。之后我就去超市买了很多的零食和饮料，我订了明天的机票去小王子所在的城市游玩。

　　一路上飞机的轰鸣和振动让我感到头晕目眩，终于熬到了终点，我晕晕乎乎地走下飞机，出了机场就看到了小王子安静的笑容，刹那间我以为又回到了从前，小王子带着他安静的笑容与我靠在香樟树下的栏杆上。天空晴朗，世事安好。

　　小王子带着我在这座城市玩了很长时间，黄昏的时候，我和小王子像从前一样拿着冰镇的可乐消暑。我们还看了日落。我笑着说小王子终于看到了一次日落,还剩下四十三次。小王子愣了愣,盯着我的眼睛说:"忆,你变了。"然后我们花了大段的时间用来沉默。

我是变了,只是万幸,我还有从前的梦想,我还是会花大把大把的时间朝梦想努力。

我在这座城市吃了很多的椰子和我最喜爱的山竹,感受了很多新鲜事物,也追忆了我们的过去。小王子总是在我的脑海里若隐若现,像是个没有勇气翻看的秘密。

很快就到了我要离开的日子,我的机票在来的时候就订好了。

离开的时候,我买了很多的山竹,我喜欢这个小小的水果,仿佛是我十五岁以前的青春。带着硬硬的壳,里面却是酸酸涩涩、稀里哗啦的瓤儿。我提着重重的袋子离开,与小王子挥手说再见。看着小王子安静的脸,瞬间我又想起了那些梵高的画册与年少时安静的忧伤。或许那些绚丽耀眼的向日葵早已在我们的世界里开败了吧。

回到家之后就接到了凡凡的电话,我和她去"仙踪林"吃饭,凡凡说她准备复读,明年再考一次一定能考上心仪的大学。我看着眼前这个将卡布奇诺的白色泡沫染在手上的女孩儿,成长早已教会了她什么是哀伤什么是面对。可是我还是愿意让她回到从前那个单纯无伤的样子。

我报了一个普通的一本大学,其实什么大学我都不在乎,只要是中文系就满足了。

大学的生活又像从前一样,那些成排的香樟树散发着淡淡的芬芳,在地上投下稀疏的剪影。我独自站在香樟树下翻看着小王子和凡凡寄来的信,安静的字迹与跳跃的心情,仿佛又回到了那年夏天的时光。那些繁华的浮影走走停停在回忆的道路上，步伐越来越快。我像是从一场做了十五年的梦中走出，醒来时发现时光荏苒，只是那些梦中陪我长大、教会了我爱与成长的男孩儿和女孩儿，已经离我远去了。

我回到寝室，电脑微弱的光芒在黑暗中若隐若现。不知道谁在看电影版的《NANA》。我很喜欢最后奈奈对娜娜说的那段话，那段话在很久以前我就想告诉小王子和凡凡了，只是到了现在我才有勇气拿起笔。

夜晚时的窗外燃放着绚丽的烟花，奈奈说："娜娜，实现梦想和获得幸福，为什么无法等同呢？到现在我仍然不明白。但是，那个晚上许下的誓言却仍印在我心上。我们所共同描绘的梦想的光辉，我永远不会忘记。"放下手中的笔，眼前又浮现出陪伴我度过似水年华的男孩儿和女孩儿。

在那棵香樟树下，还可以看到一个笑容安静的少年吗？

在那些漫漫时光里，还会有一个乐观地面对一切、为了梦想一直努力的女孩儿吗？

而那个曾经在夜晚抱着梵高画册的寂寞女孩儿还会日复一日地继续她所有的安静与寂寞吗？

那些年的时光在眼前氤氲，而曾经的阳光，曾经的雨水，曾经的安静，突然记不起了。也许，让那些曾经腐朽为零会更好。那么，我们说再见吧。

我之于你，就像咖啡和方糖一样纯粹

养 分

初见微笑，再见依然。

我把那些满是"特步"标志的试卷揉了又揉，愤怒于无声之中一点点将它点燃，那感觉就好像有洁癖的人想把一切腐烂的东西清理掉。我鼓着腮把写写算算不知疲倦的手停了下来，在跟自己赌气。

你在班主任虎视眈眈的注视下小心翼翼地把那张小纸条递给我，却一脸的不苟言笑。我慢条斯理地打开纸条，心如小鹿般乱撞。我们认识才两个星期，老师却鬼使神差地把我调到你身边，原因是我们的偏科可以互补。我们认识以前我便知道你，英语竞赛第一名。在见到真人后我还兴奋地跟闺密打了报告："我发誓，没见过笑得这么好看的男生，这就是活生生的唇红齿白啊。"

但我还是故意白了你一眼，心里却为你那句"慢慢来，下课我帮你补习数学"窃喜。我紧张地偷瞥了一下你，你在安静地抄写那些烦人的政治笔记。然后你在我心中的地位又升了一个档次,天哪,我没见过这么有耐心的男生!

你叫刘飏,文科分班考试第一名,学校足协成员。你身上有太多的光环,可我更愿意把你称为我的同桌。虽然我们只是认识了两周。我叫孙荪,一名在文科班挣扎了两个星期的文科生。

下课铃响起,同学们一窝蜂似的跑出教室,不知道是因为不习惯新面孔还是怀念老同学,他们都在走廊上与老同学吹风聊天,透过玻璃窗看对面的高二楼,已经少有人走动,大家都在为高考而努力。

我在躁动中拿出我那凌乱不堪的数学试卷,不明白学校为什么分班了还要发回上学期的期末试卷,让我心情烦躁。同桌的你没有走出教室,而是凑近看我的数学试卷,然后耐心地拿出练习本给我演算,眉飞色舞。

我似懂非懂地应答,然后你终于说"我要回家了",之后便留下匆匆的背影,我还是窝在教室与数学题死磕,别说,倒是找到一点儿信心。我想或许是因为你。

我一个人走在还留有暗黄色街灯的校道上,心中却是为刘飏数学那么好还选文科而感到讶异,真的羡慕这些人啊。

后来我才知道你因为晚归被妈妈唠叨了很久,你打趣地说世界上怎么会有话痨时一脸的风轻云淡。于是我们便都在相安无事中努力地往上爬。

你教会了我:输掉了,再坚持,没什么好怕。.

我在看席慕蓉的诗集,她在《初相遇》里写道:"美丽的梦和美丽的诗一样,都是可遇而不可求的,常常在最没能料到的时刻里出现。"你眉头一皱,我突然想逗逗你,只是我没想到你今天为何一副不开心的样子。我随口一说:"失恋了吗?"

你狠狠地白了我一眼,惊悚得让我以为这是梦。后来我才知道你真的是失恋了,她突然跟你说以后不要再有什么牵连了。你心情自然不太好。

过了几天,你把小纸条递给我,然后我们忘记了不愉快,又开心地相处,像平时一样。你教我数学,我偶尔跟你扯扯大文豪的逸事。你说:"我就喜欢你这种爽快人。"这句话我记了好久。

暑假时你把向来宅在家里不见光的我叫了出来。我们一路上说说笑笑到了书城,在书城里看了一下午的书。我说我想做一条书虫,我说我老了变成老太太也要像旧街的阿婆那样开个小书店,那样便可以跟书一生长相厮守。你露出大白牙齿笑得很好看,你说:"这就是你的梦想?"我点点头。

我们最终买了丹·布朗一系列的书。那些天的夜里,我们聊的都是《数字城堡》《达·芬奇密码》,那种阅读的快感让我更有创作的冲动。于是我便在暑假做了一件我认为很有意义的事,我把自己"带到"了墨西哥和美国……你欣欣然看完我的小说,"还有没有,赶紧给哥再写点儿别的。"你顿了顿,然后认真地说:"《鬼吹灯》《盗墓笔记》你已无法超越。"

"那是必须的,我就这颗长草的脑袋。"

互踩是我们的本领,我从没有跟谁提起过我的文字梦,你对它却心照不宣。

初秋下了第一场雨,新生陆陆续续出现在高一楼,我们撤回到高二楼。

高二是一个转折点,老师把座位又翻新了一次,我们不再是同桌,你我的距离是四张桌子。

夏敏跟我一起走会说起你,那种喜欢到恨不得立刻据为己有的感觉显露无遗。夏敏是那种能在宿舍走廊洗两个小时澡的大大咧咧的女生。我了解她的个性,喜欢一个人恨不得要让全世界都知道。

"你跟刘飚同桌了那么久,他都喜欢什么啊?跟我说说呗。"

"我怎么知道?"

"别闹了,我喜欢他啊,你要帮我多了解他。"

"我也没有跟他有太多交集了,人家还没忘记初恋。"

"那也有机会啊,你快点儿跟我说说吧。"夏敏突然停下脚步,"你该不会喜欢他吧?"

"什么啊大姐,我怎么会喜欢文科男。"我努力让自己自然,让自己看上去不太脸红。

"你姓孙他姓刘,组合起来就是硫酸,不好的。"夏敏比画着手指,像个小孩儿。

"好好,是你的,都是你的。"我慢慢地在夏敏后面走。

"好,那我就追他。"夏敏折回来拉着我飞快地奔到饭堂。

我没有像她一样敢爱敢恨,只好退出这些爱恨纠纷。让我把那些分数、排名都狠狠地拉高。我不再需要去上补习班把偏科补回来,不再需要你每晚留下给我讲数学以致夜归被妈妈投诉,不再需要写小说给你看只为了证明自己而彻夜不眠,不再需要在四十分钟的体育课里抓紧时间打乒乓球还要绕一条长长的路看你踢足球。

我的成绩开始进步,老师每次表扬前五名总有我。然后她含沙射影咬牙切齿地说:"某些人,整天不知道想什么东西,上课睡觉不说,几次考试回到了幼儿园的水平。"

全班的眼睛齐刷刷地向你看去。你好像若无其事，应该是把精力都放在足球上了吧。

每天中午我都很迟才去吃饭，跟隔壁班的闺密一起约好的。

但当我看到你跟夏敏有说有笑时，我的笑容僵住了。夏敏朝我笑，你肃穆的眼神像不认识我一样，我突然什么也说不出，这种感觉，真难受。

"还是不要打扰别人了，免得节外生枝。"我偷偷地在闺密班里流了泪，没骨气地说。

"我真想知道孙苏喜欢的男生是什么样的，这么有福气。"她摸摸我的头，递给我纸巾。

"就那样呗，你以为我就不会喜欢人啊。"

"好了好了，宝贝，都会过去的。"

不要再有念想，谁都清楚自己背负的是什么。

会考结束后，天开始放晴。

会考前一天晚上，你突然给我发消息。你说林一有个成为莎士比亚一样的大文豪梦，你却忘记一年多以前为什么选择文科。你说夏敏好像你的初恋，你却再也找不回那种感觉。你说了很多没有我在的高二生活，却没有再说怀念跟我做同桌的日子。

"你变了。呵呵。"你最后这样跟我说。

"怎么变，变认真变勤奋，不是吗？"我不知道你的"呵呵"有几种意思，但应该也会无奈吧。

"嗯，明天考试加油啊。"

"你也是。"

于是就这样结束了对话。

我懂了，原来你把我们的关系划得这么清楚，原来我不找你，你就不会主动找我。我嘲笑了一下自己，像叹息这样轻。我之于你，就像咖啡和方糖一样纯粹。

从考场出来，你见到我信心满满的样子，朝我浅笑了一下。

不明白你的意思，但我对自己也回你一个微笑的做法相当满意，至少不再那么动容。

从你书桌上带走废纸的是我，照着你的字迹写封信给我。

七月的天，晚霞透过门的缝隙洒进来，打在书桌上。斜阳还是一样的耀眼，给教学楼镀上一层似罗马斗兽场般的金色，蒙上了一种古典的幕纱。想起自己还有三百三十天时间就要离开校园。老师没有骗我们，高中三年过得真的很快，仿佛我认识你还在昨天。

夏敏走到我的座位，她逗我笑，她跟我说你。你们没有在一起但成了很好的朋友，那时你们只不过是相约一起坐车回家。她一边说一边流泪，这个女生，就在那刻，让我觉得她明媚、自信，还有她从不因此而停下追赶的脚步。

高一的学生在学期末开始变得放肆起来，时时能听到高一楼传来的阵阵笑声和掌声，还起哄地大叫"在一起、在一起"，忽而我也很怀念那时候的我们，没有隔阂没有不安。高三楼已人去楼空，很快我们便要在那边没日没夜地学习，然后消失在万马争独木桥的高考中。我习惯性地抬头看向你的位置，你戴着耳机在安静地写着，认真耐心，一如当初那个少年。

放完假我们便高三了。

这个校园里只有我们这批"高三党"，让我从没感到如此安静。

我去跑道上走圈，戴着耳机把剩下的英语单词背下来。看见远处的你向我挥挥手，幅度很大。我叫了你一声，冲你大笑，你也笑，露出牙齿。

后来我们像所有相忘于江湖的人一样，把跑道踩在脚下，跑了好几个四百米。我气喘吁吁，终于释怀地对你说高三加油，你说这是你高中最后一场足球赛，你说不要再颓废。

"走吧，像那些以梦为马的征途者一样向前。"你轻轻地说，"我想我知道自己为什么选文科了，因为我坚信文科生都是干大事的人。"

后来我们都笑了。

我还是读席慕蓉，她说还是喜欢那样的梦，在梦里，一切都可以重新开始，一切都可以慢慢解释，甚至还能感觉到，所有被浪费的时光竟然都能重回时的狂喜与感激，胸中溢满幸福，只因你就在我面前，对我微笑，一如当年。可是啊，有些情感，它从来不会在马戏团里出现。

有句话叫：有情不必终老，暗香浮动恰好，无情未必就是决绝，我只要你记住初见时彼此的微笑。

我想，用来形容我跟你，正好。

我愿意蹲下来陪你做一只蘑菇

宇宙无敌如

1

长长的校道上只剩下许墨墨一个人,余晖把她的影子拉得很长很长。夕阳染红的天空格外美丽,在许墨墨的眼中却带有一丝微微的凄凉。她总是在日记中这样写:"今天太阳又留下大片的红色,似乎它又不开心了,要不然怎么夺去天空原本的颜色呢?"许墨墨放学不会直接回家,她总喜欢拐进一条泥土小路去自己的"秘密基地"。说是秘密基地,无非就是一条很少人知道的小河。河水很清,河岸有很高的树,好像历尽沧桑。每次许墨墨不开心的时候都会来这里,看着小河缓缓地流,心似乎就能平静。

今天她又有些不开心了。因为今天她又迟到了,老师当着全班同学的面批评她,惹得大家哄堂大笑。大家眼里的许墨墨就是一个怪人,比如说,许墨墨总是带着一个小瓶子,瓶子里种有一只蘑菇;再比如说,许墨墨上课迟到了也不会跑,就算老师在门口喊,她也不跑。班里调皮的男生喜欢拿许墨墨开玩笑,当许墨墨路过他们身边时他们就会大喊："许墨墨你今天又迟到了，你害不害羞啊！"许墨墨低头走开，男生们的笑声更加肆无忌惮。许墨墨不害羞？许墨墨怎么可能不害羞呢！每次在同学们的嘲笑声中她只能盯着地板，想找一条可以让她躲进去不畏风雨的地缝儿。可惜地上铺着地砖，光滑得可以照出影子，哪来可以藏身的地缝儿呢？所以许墨墨需要一个可以诠释悲伤的地方。

　　许墨墨坐在河边的石头上，从包包里拿出一个红色的笔记本，在上面写道："4月28日，今天太阳又留下大片的红色，似乎它和墨墨一样不开心了。要不然它为什么要夺走天空原来的颜色呢？"她停了停笔，把笔记本翻到最后撕下一页。"太阳和墨墨都要像飞鸟一样快乐。"她把这句话写在纸上，折成小纸船放进小河里。看着小船悠悠飘向远方，许墨墨像突然想起了什么似的往前一个踉跄，跌倒在水里。许墨墨坐在水里轻声说："真是笨蛋啊，谁能说飞鸟是快乐的呢……"她站起来收好本子，拖着湿淋淋的身子往家走。

　　回到家里，地上一片狼藉。爸爸妈妈肯定又吵架了，两天小吵三天大吵，在许墨墨看来，爸爸妈妈吵架是生活中必不可少的事情，就像每天都要吃饭一样。许墨墨向屋里说了一句"我回来了"就往自己的小屋里钻，也不等人的回应，事实上也没有人回应她。她换了一身干净的衣服，然后给蘑菇浇水，蘑菇安然成长，一切都是美好的样子。她安静地笑了。

2

　　早晨7点50分，许墨墨一个人走在校道上，"看来又要迟到了，唉。"

"许墨墨！"一个男生从墙角跳出来，把许墨墨吓了一跳，"你又要迟到了！"

这个男生叫张小玄，是班里的"不安分子"，他有时候也会和其他男生一起嘲笑许墨墨。

"嗯，你也要迟到了。"许墨墨低下头走快了一些。张小玄不急不慢地跟上，"嘿！以后我就叫你蘑菇吧！"许墨墨不说话，张小玄自己却说得很开心，"你不回答我就当你同意了！"之后张小玄说了很多他的故事，比如说他和某某一起爬树却碰到蜜蜂窝等等。许墨墨"扑哧"一声笑出来。除了在晨会上听见校长说这么多的话，张小玄还是第一个对她说这么多话的人。"其实你笑起来很漂亮。"张小玄突然说。

后来许墨墨上学和放学的路上就多了一个张小玄，当她想去"秘密基地"的时候都会悄悄躲开张小玄自己走。许墨墨坐在河边小心翼翼地给蘑菇浇水，惊奇地发现蘑菇旁边不知道什么时候多了一只小小的蘑菇。她又惊奇又开心，抱着玻璃瓶旋转，嘴角不住上扬，就像在舞台上旋转的芭蕾舞者——高傲优雅，只有自己才懂自己的开心难过。

许墨墨在抽屉里发现了一只熟悉的小纸船，纸船像航行过远方，历尽沧桑。许墨墨小心地打开，纸船写着一句话："太阳和许墨墨都要像飞鸟一样快乐，如果飞鸟不快乐请像张小玄那样快乐。"许墨墨说不出来心里是什么滋味，就觉得心脏像被小猫的爪子划过，麻麻酥酥的。

"蘑菇，你为什么不爱笑呢？你笑起来很好看。"张小玄看向身边的许墨墨，许墨墨盯着自己的脚尖看不出表情。

"我……我们去那条小河好吗？我知道你懂的……我可以讲故事给你听。"许墨墨的声音很轻，好像一阵风就可以把她吹散。

当紧闭的心房突然对你打开就像得到了某一个地点的通行证,你可以随意访问她的世界。张小玄知道他的手里正握着许墨墨心房的通行证。

许墨墨坐在石头上,手里拿着纸船,对张小玄露出一个好像准备了很久的笑脸,"谢谢你。现在你帮我把它放在小河里吧。"张小玄接过纸船点点头,承载着梦想就应该去追寻。

"从小我就和奶奶一起长大,奶奶很爱我,也很爱蘑菇。"许墨墨盯着水面,不让张小玄回答接着说,"奶奶说希望我能像蘑菇一样安然长大。哦,对了,蘑菇上面还住有奶奶的灵魂。"

"你奶奶是个好奶奶。"张小玄说的是陈述句,眼神里闪着光。

许墨墨重重地点头来表示她的肯定,"你知道为什么迟到了我也不跑吗?"张小玄摇摇头。"奶奶说我是蘑菇,应该像蘑菇一样文静。其实奶奶老了,怕管不住我才这么说的,其实我跑步很厉害的哟!"许墨墨轻轻地笑着,露出两个可爱的小虎牙,但是她的眼神又很快地黯淡下去,"就像奶奶去世的那天,我一边跑一边哭,跑到最后再也跑不动,倒在草地上一直哭……最后也哭不动了,我就睡着了。"许墨墨的眼眶里挤满了泪水却久久不掉下来。她把头埋得很低。张小玄突然有点儿心疼这个平日里沉默的女孩儿。

"难过的时候我也会跑圈,找一个没人的地方一直跑,大脑空白就什么都不会想了。"许墨墨的眼泪最终没有流出来。

"很高兴你能和我说这么多。"张小玄说。

"谢谢你能听我说这么多,突然感觉好轻松啊!"许墨墨向阳光张开双手伸了个懒腰。张小玄站在她后面,看着阳光里的许墨墨，突然感觉她像是来自天堂的天使那么耀眼。

3

　　早晨阳光很好，可是张小玄心情却不是很好。因为已经开始第三节课了，许墨墨的座位上还是空空如也。他翻墙出了学校，一路小跑来到小河边，张小玄有一种感觉，他觉得许墨墨就在那里。果然，他看见一个小小的身影蜷缩在石头上，肩膀不停地抽搐。

　　"蘑菇……"张小玄轻声叫她。她愣了一下，把头埋得更低了。

　　"张小玄……我爸爸妈妈要离婚了……"

　　张小玄突然不知道怎么安慰她，他本来就不擅长安慰别人。

　　"明明是吵了十几年的人了，怎么可以像过家家一样说分开就分开呢……"

　　"爸爸妈妈都有追求幸福的权利。"张小玄许久才缓缓地说道。

　　"对啊……我就是一只蘑菇啊。没有大树那样高大，也不像草地那么广阔，一只蘑菇是多么……多么微不足道啊！"许墨墨停止了抽搐却始终不回头，她能感觉到身边多了一个身影。

　　"你知道吗，我有一个很大的'家'。"许墨墨满脸疑惑。

　　"因为家里只有我一个人。"张小玄的声音很平静，似乎他在说的是别人家里的事情。他双手撑着地上看蓝蓝的天空没有一丝云彩，"在我八岁的时候爸爸妈妈就已经离婚了……"风吹过许墨墨的刘海儿，露出了她震惊到没有表情的脸，她从来没有想过张小玄活泼开朗的外表下会有这样的经历。"那时候我拼命地哭、大声地喊，我摔东西希望他们为了我留下来。我拉着妈妈的衣角哀求她，她摸着脸对我说：'小玄，你是个坚强的孩子，爸爸妈妈也都爱着你，只是……爸爸妈妈都有追求幸福的权利，给妈妈自由……好吗？'她像说给我听也像说给她自己听。我放开手，看着她毫不犹豫离开的背影。后来，我告诉自己要坚强，我不再哭不再闹，学会一个人生活。"他停了停，"再后来，爸爸妈妈都找到了新的幸福。"

　　张小玄转头看向许墨墨时被吓了一跳！许墨墨终于控制不住开始放声大哭，越哭越大声，用尽了全身力气。张小玄手足无措，"该死，怎么又哭了！其实他们离婚了我们也有好处啊！我们……我们可以有双份的零花钱啊！"张小玄不禁说了一句烂话。许墨墨不管他继续哭，张小玄叹了口气说："其实每个人都可以带着过去的创伤继续生活，只需要腾出心里的一个角落把悲伤放进去，然后锁起来……每一次的不幸、失败、心痛都会孕育同样或者更大的成功！这就是成长必须经历的。"他好像觉得少了些什么就又补了一句："就像我一样！"许墨墨第一次听见张小玄说这么励志的话，于是停止了哭泣。张小玄在心里感叹：微博里的励志语果然适合哄女生！

　　"如果可以，我愿意蹲下来陪你做一只蘑菇。"许墨墨像得到了某种力量抬起头盯着张小玄，张小玄满脸认真。

　　许墨墨点点头不说话，却似乎没有那么伤心了。后来张小玄陪了许墨墨很久。长长的沉默之后，许墨墨突然指着旁边的瓶子，瓶子里种有两只蘑菇，她说："原来你也是一只蘑菇。"

4

许墨墨日记:

　　妈妈用不可动摇的语气告诉我他们要离婚了。我哭着大喊不可以,却无济于事。我冲出家门毫无目的地跑,太阳很好,可在我眼里却那么刺眼,仿佛会灼伤我!不知不觉我来到小河边,我坐在石头上想到以后就要一个人了,就很害怕。我不想哭却怎么也停不下来。

　　这时,我听见一个平时在我耳边唠唠叨叨的声音。他和我说了他的故事,我怎么也想不到他这么开朗的人却有这样痛苦的经历。张小玄的心就像QQ糖那么软,但千锤百炼后却会固执地变回原状。看着瓶子里新生出的蘑菇,我明白了,那就是张小玄。

　　以后要学会坚强,学会像张小玄那样快乐。

张小玄日记:

　　我曾经看过这样一篇文章,说一个精神病人以为自己是一只蘑菇,医生蹲下来陪他做一只蘑菇,医生吃饭走动玩耍,病人也吃饭走动玩耍。后来病人可以像正常人一样生活了。我觉得许墨墨也是一只蘑菇。

　　真想看看她的世界是什么样子的,所以我偷偷跟着她。她来到一条我没有来到过的小河边,这里是她一个人的世界。原来她的世界这么美！我捡起她的纸船，看着她清秀的字迹被水冲得有些模糊，我想她真是又奇怪又搞笑。这是我第二次看见她高兴地抱着蘑菇旋转，露出发自内心的笑。那一瞬间她真美，就像城堡里的公主。突然很想保护她，做她的勇士。

她哭了，那么无助。连我的心也跟着酸酸的。突然想起我看过的那篇文章：当一个人悲伤得难以自持的时候，也许，他不需要太多的劝解和安慰、训诫和指明。他需要的，只是能有一个人在他身边蹲下来，陪他做一只蘑菇。所以我蹲下来陪她做一只蘑菇。

我想，像文章说的一样，我们陪别人哭，我们也陪自己哭。我们告诉别人，我们陪你经历你的情绪，而不对你指手画脚。我只是坐下来陪你做一只蘑菇，而不急于让你变成我所希望的样子。这样，你开始学会爱自己。然后，你也能够爱自己，一直到时间的尽头。

许蘑菇，我陪你爱自己到时间的尽头。

彼岸旧时光

明年我们还在,好吗

暮浓城

1

回首这一年,发现自己长大了很多。年龄长了,身高长了,学历也长了……好像什么都长了。没有像预期的一样不羁,没有想象中的叛逆,如同所有的好孩子,我微笑着站在阳光底下,对着亲戚、对着朋友、对所有我认识的人说:明年我们要过得更好!

年前又把《检察官公主》看了一遍,依旧看得泪流满面,但是不知道为什么突然就释怀了。我妈看我哭得鼻涕一把泪一把的,在我身边不停念叨:"哎呀,真是恶心死了啊你!傻姑娘看个韩剧还哭成那样!"然后递给我纸巾让我擦眼泪。或许很多年以后的我,也会像她这样,不痛不痒地说几句自己的小孩儿,然后去做饭吧。

童话我还是向往的,还是会每天晚上把童话书翻个遍,直到十二点以后才去睡觉。我爸天天唠叨我:"晚上要早点儿睡,不然长不高啊！""别闹了赶快去睡觉！不睡觉的话，以后矮咕隆咚的谁要你啊？"说完把我的书全部拿走，给我关灯。我睡着以前会听见他房间门关闭的声音。每天都是这样，所以每天都很开心。

我的成绩不是很好，但是爸爸始终没有怨过我。他说，努力就好。于是我就很努力很努力地念好书。

2

有时候，我在人很多很嘈杂的地方会有种想哭的冲动。这大概就是大仙经常说的没有安全感吧。但是我在富有的面前就很开心很有安全感，虽然我一直没有把富有教的数学念好。富有说："初三要好好念，不敢再玩了。"他从初三以来就一直跟我说这些，他在我闯祸、在我看班主任不顺眼的时候还会很无奈地拍我的头："不能这样啊你！"每次都是这样。

初中三年下来，我最喜欢的人就是富有了。我从来都不喊他老师，他每次听到我喊他"富有"都会把脸拉下来说"没大没小"，然后又一边把我不会的题目讲给我听，一讲就是好几遍。

大仙说，一想到以后没有富有就会特别的难过。然后呢，我就不争气地哭了。

我舍不得他，如果可以，真的希望他一直都不要离开。虽然我明白，是我在往前走，是我在离开，无论如何也停不下脚步来一直陪着他。有多喜欢，有多不舍，我们都明白。一直有种在毕业晚会前把眼泪流光的想法，因为不想在富有的面前哭得没形象，不想他看到我这样也会红了眼眶，不想以后一年都见不到他几次……

逃不过的是长大。

3

大仙的生日是在她家过的。

那是我活了小半辈子以来参加的最正常的一次生日聚会。大家简简单单地围在一起吃火锅，吃得很高兴。以前生日聚会都是东奔西跑，或是找一个环境优雅的咖啡厅或者奶茶吧泡着。比起从前，在大仙家参加的生日聚会真是最幸福的一次呢。

后来我对大仙说："在你家里过生日很幸福！"她取笑我道："以前真没发现你这么矫情。"于是我就笑了，我说："是啊，我矫情，再矫情咱们以后还是要在一块儿的。上高中，上大学，即使中间谁跑去处对象了，我们也要在一起！"

其实，我没有太多奢望，我只希望和我在乎的人明年还可以见面，还可以寒暄，还可以一起犯傻，还可以一起在大街上笑得让学姐学长鄙视，让学弟学妹以为我们这群人是从精神病医院里跑出来的……你们说，如果真是那样该多好！

有文字记得一路温情

轻 听

  气温的骤降让人早早感受到了刺骨的寒意。冷风挟卷着干枯的树叶在原地打转,配合着那棵二层楼高、光秃秃只剩下枝丫的桃树,这个萧瑟的场景突兀地出现在你视线里。你回过头,捋了捋额前被风吹乱的刘海儿,重新拉紧宽大丑陋的校服,跺了跺因长时间站立而发僵的双腿,刚想弯腰去捡那块掉到地上沾上灰尘的橡皮擦,老师的声音便传了过来:"林语欣,你可以坐下来了,以后上课专心点儿,看看自己有没有上课走神儿的资本再说。""嗯!"你闷哼一声,算是应了老师一句。
  坐下后,就听见后桌那两个爱嚼舌根的女生在窃窃私语:"哎,你知道吗?就我前面那女的,物理成绩年段倒数,好像我们班平均分就是因为她垫底!""真的呀?考不好她还那么牛,估计老师吃了她的心都有了,呵呵……"两人刻意压低的嘲讽声还是钻进了你的耳膜,没有人注意到你紧握着试卷一角的指节因用力过度而泛白。你紧抿着嘴唇,怔怔地盯着试卷上那个鲜艳的数字,心里像打翻了一个五味瓶百感交集,那些场景一幕幕倒带似的出现在脑海中:夜里十二点的钟声响过很久之后你仍在伏案，奋笔疾书；凌晨五点半的闹钟还没响，你已经起床，把烦琐的公式背了一遍又一遍；初三难得的三天假期，别人都讨论去哪儿玩，你却悄悄关上房门，一头扎进题海。"一分耕耘，一分收获"的真理为什么到了你这里却失效了？付出了那么多的努力，却只换来一个年段最低分。你忍住鼻头的酸楚，仰起头来，将那滴晶莹的液体逼回眼里，你怕你的眼泪也成为别人嘲笑你的谈资，这样的你倔强得让人心疼。

　　"丁零零……"下课铃嘶哑着嗓子催促老师下课，物理老师翻了翻试卷，发现大部分题目还没有讲完，很不情愿地说："剩下的题目同学们自己去钻研，先下课吧！"物理老师刚走，班主任便走上了讲台，刚跑到门口的几个男生又溜了回来，以为老师有什么重要事情宣布。

　　班主任扬了扬手中几本刚出版的校刊说道："同学们，这是新出的校刊，大家课间翻一下，请大家留意一下一位笔名为木槿的作者的文章，写得非常不错！"老师刚说完，下面便像炸开了锅一样。"木槿已经在校刊上发表了十多篇文章了，文章写得超级好，不过具体是谁不知道，八成是老师吧，要不怎么写得那么好？"后面那两个八卦的女生又在叽叽喳喳了。你嘴角不经意地上弯了一个弧度。不可否认，当你听到这个名字时心里便颤了一下，听到这些评价，你更是欣喜若狂，当初刚写文章时，就是因为学校里的那株木槿开得正灿烂，感性的你便用这个笔名写下了一些记录心情的小文，想不到受到了同学们的青睐。想来自己也不是一无是处，想到这儿你竟忍不住窃喜了一番。

　　"我也喜欢木槿的文章，空灵中带些浅浅的小忧伤！"前面那个理科好到登峰造极、有着澄净温暖笑容的男生听到她们的讨论后，一手握着碳素笔，一手靠在你桌上，回头说了一句。听到这儿，你忍不住低下头去，如果男生再仔细一点儿，他就会发现你脸颊上那抹可疑的红云，可惜他转过头去了。"那我会继续写下去。"你在心底说的这句话是表白还是决定，你也分不清了。"你觉得呢？"男生毫无预兆地回头，反问了你一句。你吓了一跳，伸手贴在额头上，挡住了眼中的慌乱，支支吾吾地答道："还……还……行吧！""只是还行而已？"男生眼神复杂地看着你。你搪塞道："你激动什么呀？"男生眼中闪过一抹狡黠的光，慢悠悠地从书堆的最底层抽出一张方格纸，说道："是我激动，还是某些人做贼心虚呢？"你不顾形象地一把夺过方格纸，仔细一看，真的是弄丢的那张手稿。没等你说话，某男已经开口："上星期在你作业本里发现的，现在嘛——看看失主的意见喽！"你毫不客气地看了看他，又看了看物理试卷。男生劈手夺过手稿，心领神会道："那没什么问题！"

之前心头的阴霾一扫而光，心里有一种说不出的舒畅，像是如释重负。眼睛里弥漫了一层雾气。"谢谢。"你在心里说。

"努力了还没收获，你要做的便是坚持。"你听到前桌的男生这样低语道。

你微笑，青春打马而过

轻与慕宅

你长得是真好看，眉清目秀，唇红齿白。但，也实在够恶劣。

你才上初二就谈了好几个女朋友，还死乞白赖地求我帮你写情书。我大笔一挥拐着弯儿损人，眯着眼看着你喜滋滋地送去，黑着脸灰溜溜地回来。你咬牙切齿地对我说："那女的居然看不上你写的情书，我怎么会看上这么肤浅的人！"而后，你看着笑疯了的我满脸疑惑。

你喜欢托着下巴用眼角的余光忧郁地注视着我，"你是喜欢我的吧？"乍一听，我手一抖摔了笔，一记重拳打得你"嗷"的一声惨叫。次数多了我只是淡淡丢给你两个饱含我同情和怜惜的白眼。你却乐此不疲，一遍遍追问，一日三次，每次两分钟，生生烦得我倚在桌子上，虚弱地说："对啊，我好喜欢你啊。"你龇着牙笑得像个偷吃到糖果的小孩儿，拍着我十分认真地说："我就知道！我那么帅！"我低头，考虑要不要把鞋脱了拍你脸上。

你是老师眼中的"问题学生"，恶行累累，而我是一个成绩不错的普通学生。如果不是因为班长是我小时候的死敌，安排座位时把我排在最后一排，也就是你的邻桌，我们本来就该是两条平行线。

我记得我小心翼翼地提着包走向你，很小声地说："同学，麻烦让一下。"你仰着脸盯着我，淡漠的眼神看得我低下头，忐忑不安地抠着手。你忽然"扑哧"一声笑出来，然后朝前挪了挪。

后来混熟了，我对你就没这么客气了，拳打脚踢是家常便饭。你故意挤对我，一拳挥你肩膀上；你嬉皮笑脸挑衅我，一巴掌拍你一个龇牙咧嘴。我把指尖修得尖尖的，伸手一抓，就在你白得不像话的胳膊上留下美丽持久的印记。

有一次，一个男生来找你，正说着话，你随手拿起我的笔转着，被我劈手夺下，然后习惯性冲你胳膊招呼一下。那男生目瞪口呆，你却只是随意地笑笑。我忽然明白了你有多纵容我，于是笑容忍不住绽开。

那时候我们别的科目老师都很好说话，只有身为年级主任的数学老师，人称"灭绝"，手执一寸厚一尺长的戒尺，逮谁打谁，不论成绩，不分男女，她是我最怕的老师。数学课，她阴着脸走进来，和窗外阴沉沉的天空相互辉映。周围同学陆续掏出她要求的卡纸，我忽然就白了脸。心存侥幸地掏书包，翻个底朝天，还是没有找到。这时"灭绝"冷冷的声音传来："没带的同学出去顶书站着！"我苦着脸准备出去，一张卡纸"啪"的一下拍在我的桌子上。我愣愣地抬头，你已经走到了门口。想追上去还给你，却在"灭绝"不善的眼神中，勇气退散。

我使劲儿捏着卡片，任由手心沁出的汗将浅绿色的卡纸晕开一朵深色的花。下课后你甩着手臂走进来，我望着你欲言又止，最终只蹦出三个字：“谢谢啊。”你一口白牙沐浴在阳光下，"嗨，谢什么，我是老鼠屎，怎样都没关系，你可不一样！"你说这话时目光是投向别处的，所以你没看到我猝不及防红了的眼眶。

去年大火的《那些年，我们一起追的女孩儿》，柯景腾为了沈佳仪被罚在教室外蹲跳的剧情，是唯一戳中我泪点的地方。

你和柯景腾一样美好，我却差沈佳仪太多。先不说喜不喜欢的事，我自己都很厌恶初二那年懦弱的自己。

班里我们是唯一的男女同桌，而且相处得很融洽，你又从来都是风云人物，于是班里关于我们的流言满天飞。

你是嘻嘻哈哈一笑而过没什么所谓，我却在别人指指点点中如坐针毡。后来愈传愈凶，"灭绝"把我叫去办公室，东拉西扯说了一大堆，最后语重心长地说道："你是个好学生，不要和某些人走得太近知道吗？"我茫然点头，想反驳，却说不出一句话。

我在你的面前忽然沉默。你找我说话，笑容一如既往地灿烂，我却只是敷衍几句。慢慢地，你觉察到我的疏离，看着我低垂的眼，似乎明白了什么。你干笑两声，说了句"你好好学习"，之后就很少和我说话了。

那天我在路上走，好友忽然凑过来，神秘兮兮地和我咬耳朵："哎，你和你同桌是不是……"我看着她眼中隐藏的笑意，慌忙喊着："怎么可能！我看上谁也不会看上他的！"她不依不饶："为什么？"我支吾半天，头脑一热一大段始料未及的话便冲出来："成绩那么差还整天惹是生非，自以为是的样子要多讨厌就有多讨厌！"她忽然神色惊慌，恐惧的目光投向我的后方。我顺着她的视线，看见你站在一棵树下，手插在口袋里，面无表情地看着我。

好友拉着我跑开了，一路上说了许多关于你的事。我才发现在我面前温暖嬉闹的少年，行为处事是多么乖张暴戾。末了她拉着我的手，一脸忧心忡忡，让我好好保重。

第二天，我战战兢兢地走进教室，你坐在位子上睡觉，一直到我坐上位子也没有抬头。你始终没有对我做过什么，只是再也没有和我说过一句话。我开始是庆幸，然后心里忽然很难受。

期末考试前老师按期中考试的成绩排位子，作为上次考试第二名，当老师念到我的名字时，我随便指了前面的一个位子。我收拾东西时，你看着我脸上张扬的笑意，淡淡地说道："就这么迫不及待？"我手一顿，继而像被一柄重锤狠狠地击中了心脏，一瞬间，心疼得不能呼吸。

考试结束后同学录开始占据课桌。我犹豫了很久，也买了一本同学录，全班每人写一页，所以你不能例外。收上来时我一张张翻看，然后看到了你的，浅绿色的纸上只有你的姓名和一句字迹潦草的"祝你天天开心"。我悄悄抽出了这张，收在语文书里，后来就找不到了。

初三时我被选到奥数班，你去了普通班，不过是四层楼的距离，我却从来没有看见你。后来和别人聊天时无意间提到了你，才知道你已经休学回家了。她奇怪地问："你们不是关系很好吗？他没有告诉你？"我只是笑笑，哑口无言。

我青春里唯一鲜活存在过的少年，从此杳无音信。

现在我很想找到你，我还欠你一句"对不起"。

现在我勇敢而嚣张，再不是当年的怯懦模样。

我曾经有很长一段时间不敢想起你，怕愧疚和想念会击破心脏的外壳。而现在，终于可以上扬嘴角。

只是那份朦胧的喜欢,终于被时光冲刷得干干净净。

对,你没有看错,我曾经,很喜欢你。

轻微好时光

清忽轻兮

  每个盛夏,学校长长的走廊都铺满了倾泻的阳光。逆光的角落里,我还是这样在抬起头的时候轻易地就想起了你。
  那个记忆中的你,带着阳光和青草的气息。
  我在辩论场上看见你的自信。
  我在博客的字里行间看见你的美好和忧思。
  我在操场上看见你随风摆动的白色衬衣。
  我在侧过头的时候刚刚好看见你笑起来时露同的洁白牙齿。
  头顶慵懒的日光灯洒下淡淡的光晕,空气中悬浮着密度适宜的温柔,我站在你的座位前看你低下头认真演算的样子,长长的睫毛仿佛能承托一只翩翩的蝴蝶。
  我是在鼓了很多次勇气之后才终于说服自己:"我只是,想要问你这一道题目的解法而已……"像是阴暗处的绿色苔藓生命力顽强地蔓延成一大片,我的小小心思在空气里转了一个弯,然后消失不见了。
  我躲在每一个能够看见你身影的拐弯处,看见你白色衬衣的下摆灌满了风,像鼓成一片小风帆。我会突然就笑起来,然后我的棉布裙子在下雨的天气里也能开出一朵好看的花。

在学校的图书馆，你总是坐在那个阳光刚刚好洒到你头发上的位置。"像是从漫画里走出来的少年呢。"这样的话语经常从别的女生那里听到。于是我就偷偷地躲在书本后面一笔一画地画下你漫画一般好看的轮廓，然后是眼睛、鼻子、嘴巴，直到最后终于画下了你完整的样子。我举起你的画像，眼睛弯成月牙的形状，我走到你的面前，"送给你。"我在想你看到我匆匆离开的样子会不会嘴角轻轻上扬，然后仔细看看我笔下你的样子。

你的名字骄傲地出现在第一名的位置，你永远是那么优秀、耀眼。

"你看看你，怎么这次数学考得那么差，掉了十几个名次。"只是一想到老师对我说的那番话，还是忍不住在放学后空无一人的教室里落下了眼泪。收拾好书包正好在教室门口红肿着眼睛撞见回来取东西的你。窘迫慌乱地用手擦干眼泪，抬起头看见你递过来的纸巾，"用这个吧。"一起走在回家的路上，原来你不仅仅是优秀和耀眼，还有温暖和干净。

我还清楚地记得，那天你对我说了好多好多的话，所以即使在后来的学习里，数学我仍然学起来很吃力，可是再也不会轻易地流泪和放弃。因为那天你那么多的话里，我记得最清楚的就是："数学确实对很多女生来说很难，可是我相信它难不倒你，因为你是很聪明的女孩儿。"我想我听到你的这句话一定是笑了，不然怎么会给我留下那么深刻的记忆？

在以后越来越繁忙的三点一线的学习生活里，我还是会经常侧过头偷看你的位置，偶尔你也恰好抬起头来回一个淡淡的微笑，然后我会很紧张地转过自己的头，把头埋在书本里傻傻地笑，直到同桌不解地拍拍我的肩膀指指正在上课的老师，我才能把心里的小小窃喜压下去。

在高三的最后一次考试里,我的名字终于和你的名字并列出现在第一名的位置。人群里我搜索着你的身影,我看见你在喧闹的教室里冲我竖起了大拇指。

我们在高考考场上各自追逐着梦想,天南地北。

一张张试卷背后是我们略显苍白却仍美好感人的青春年华,以及一些不能说的秘密。

我就这样路过你,在我最美好的时光里,路过有着最温暖笑容的你。所以即使在高考之后我们便再也没有联系,可是在想起你的时候依旧会微微地湿了眼眶。我想念那些时光里的你,也想念那些时光中单纯傻傻的自己。

有首歌里这样唱:"默然相爱,寂静喜欢。"但是我知道,我所路过的你,无关风月,有关清欢。这么想来,那段最有压力也最美好的时光里,你竟是我青春里最温暖和最纯粹的存在。

嘿,亲爱的你,是否也会偶尔想起那个在你面前笑起来眼睛月牙般弯弯的女孩儿?

向量的方向

沙城浪

1

你知道的,我不喜欢拐弯抹角,不喜欢用什么倒叙插叙,那我就直接切入主题了。

页面自动跳转到高二上学期的开学第一天,文理分科,你我于新组建的班级相遇,正值秋风拂过暑气,落叶横扫石阶,我们一起坐在靠窗的位置,听刚教完高三的班主任点名。

"王召。"

"到!"

"刘胜天。"

"到!"

"向亮。"

"到。"我小声地应着。

然后我旁边那位长着一张文静脸的姑娘,也就是你,突然就很没形象地笑了,"向量!哈哈哈哈哈!我叫函数!哈哈哈哈哈!"

我没有看你,关于我名字的笑声我已经听习惯了,我相信你只要笑两声就会觉得没意思了。

谁知你却不放过我,"干什么一副受气的样子,我又没有调戏你。"见我无奈地回过头来看你,你竟然双手交叉放在胸前,一副我欺负你的样子,"喂,你要干什么啊!"

我的脸"唰"的一下红了,肯定红了,我仿佛都听见"唰"的声音了。怎么会有这么自来熟又不矜持的女孩子啊,我就那样愣在那儿,连该做什么表情都不知道了。

然后,你开始幸灾乐祸:"哦!你脸红了脸红了!"我的脸就更加不争气地使劲儿往上加颜色。

再然后,我听到班主任喊出你的名字:"陈晴。"

再再然后,你一脸自豪地喊了声"到"。

2

你是自来熟,我不是。

我安静地看着你和前后桌打成一片,继而是全班都接纳了你。

我不知道天下怎么会有你这么傻乎乎的人,你动不动就摆个革命年代奋斗的姿势,引来大家的一阵爆笑。

你连走路都要三步一颠,在最严肃的学习委员面前唱儿歌。

体育课,你一会儿抱个排球扔来扔去,一会儿又去和男生们抢篮球。我则沉默地坐在体育馆里的休息座位上看着你到处乱窜,不和其他男生一起打球,像一个饱经沧桑的老人。为此,你总说我不像个男的。

我一直以为你这么贪玩，成绩肯定和我一样顶多排中等，可当我按老习惯从后往前浏览成绩单准备顺便找找你时，却找不到你的名字，我怀着可怜你被落下的心情在最后剩下的五个名字中找到了你。

如果这个世界上有一个人是我的反义词，那么这个人一定是你。

还记得吧。你特别懊恼地对我说："这个班最不好搞定的就是你啦，向量！"

3

你依然淘气着，我也依旧沉闷着，共同打造着同一张桌子上的两个世界。

直到那天，你在班主任的课上又溜号了，班主任估计也发现你在发呆，就特意叫你起来背诵《滕王阁序》第二段，你站起来艰难地开了口，"时维九月，序……"

"序属三秋。"我在下面小声地提醒你，还特意把书往你那边挪了挪，你很聪明，顺利地"背"了下来，在老师惊异的目光里骄傲地坐下。

事后你开始频频向我"献殷勤"，我也从以前的假装不想理你慢慢转变成习惯和你大侃特侃，当然，只是对你。

班主任讲到《陈情表》时，我给你也起了一个外号。

于是我们就这样互相喊着"向量""陈情表"，过着兵不荒马不乱的日子。

4

兵不荒马不乱，那永远只是我们的一厢情愿。

有一天自习课的时候你有事出去了，一直被吵闹声充斥着的耳畔忽然安静了下来令我有些不习惯。

安静只是暂时的，没过多久耳边就又开始乱了起来，而且比你的声音更刺耳。

"哎，陈晴那大傻子呢？"

"她啊，谁知道，终于清静了。"

"那么大个人了还成天装得跟个小孩儿似的，她以为她很可爱啊。"

"呵呵，可能她天生就是那样吧。"

"哎呀你太天真啦，哪有人没心没肺到那种程度啊，没准她诡计多着呢。"

"或许这是她适应生活的一种方式吧。"

"小点儿声啊……"

……

我死死地抓着刚发下来的卷子，喉咙里像堵住了什么，难受得要死，我很想站起来冲上去堵住那几个人的嘴，又在想你是不是真的像他们说的那样装萌，我攥了一拳头的汗，却始终发不出一个音节。

到底是我太懦弱太自私，不愿与女生吵架来打破我沉默的形象，还是我太不真诚，一直以来都只把你当作一只吵闹的小兽。

5

　　一年一度的元旦会演又要开始了,我知道你一定会踊跃报名的,可是我没想到你要唱《彩虹糖》。

　　我看着你在文娱委员面前蹦蹦跳跳的身影,忽然想起了那些腐烂在你身后的刺耳的话语,你在全校师生面前唱这种特别萌的歌,不知道你会不会招致全校人的讥讽。

　　我拦住了准备排练的你。

　　"那个……陈情表,你可不可以……"

　　"怎么啦?"刚刚获得批准的你显得异常高兴。

　　"别唱那首歌了吧,就是《彩虹糖》,换一首,好……好吗?"我硬着头皮说了出来。

　　"为什么啊?"你的反应比我想象的还要猛烈,刚刚还笑成一朵花的脸立刻僵在了空气中。

　　"因为……"要我怎么说啊,说你太幼稚?说其实大家表面上挺你背后都讽刺你?说你太傻以为谁都喜欢你?

　　"因为你觉得我太幼稚是吗?你觉得我在装嫩是吗?连你也这样认为是吗?"我第一次见你生气的样子,那蹦跳的喜悦从你身上褪去之后,你的周身只剩苍白。

　　"不是……我……"

　　"我知道,你们全都是这样认为的!我还以为只有你不讨厌我,我……"豆大的泪冒了出来,在你脸上谱出晶莹的色彩。你用袖子胡乱擦干眼泪,转身跑开。

　　"陈情表!陈晴!陈晴……"

　　我慢慢地蹲了下来,很想扇自己一巴掌。

6

1月1日,元旦会演。

我看着邻座手里的节目单,却搜寻不到你的名字。

你,果然,还是伤心了吧。

我开始扫视观众席,却依然找不到你的身影。

陈情表,你在哪儿?

你个笨蛋,你出来啊!我知道我错了!

在节目进行到一半的时候,你出现在了倒数第二排的观众席上,我挤过去,把你拉到了外面。

你一脸疑惑,却还是固执地不看我的眼睛,"干什么?"

我深吸了一口气,"陈情表,你愿意为我演唱《彩虹糖》吗?"

"啊?"你惊讶地睁大了眼睛。

"我是说,陈晴同学,"我轻轻地笑了起来,"你愿意为向量一个人演唱《彩虹糖》吗?"

你愣了愣,随即也笑了起来。

屋里掌声雷动,屋外冰天雪地,却都有动情的旋律。而于向量我,却只能听到寒风呼啸中蹦跳着唱出的:"啦啦啦啦啦啦/大雨就快停了/啦啦啦啦啦啦/彩虹也出来了……"

7

"向量!你叫这么专业的名字数学怎么这么差!这个向量明明是由点A指向点B的!你怎么乱指啊!"

"嘿嘿。"我挠了挠头。

你一副恨铁不成钢的样子,"那你看看这道题,向量从哪儿指向哪儿啊?"

"呃……"我继续挠头,索性无赖起来,"我不知道啊,我只要知道我这个向量是向着陈情表的就好了嘛!"

心如彩云，幽香满溢

双人旁

小婷是一个留着齐肩短发，两个深深酒窝的女孩子。老刘是一个有着一头让人羡慕嫉妒恨的乌黑长发和一双深邃大眼睛的漂亮女生。

小婷不小，老刘不老。她们今年都十七岁。

我和小婷认识十二年，和老刘认识八年。在我和小婷都没有认识老刘的四年时间里，我们总会用最宝贵的童年时光去干最愚蠢的勾当，并且乐此不疲，丝毫没有意识到浪费时间是可耻的。

比如，我们会盯着一群挪窝的蚂蚁看半天，然后把自己舍不得吃的大白兔奶糖全扔给它们，它们多可怜呀。那感觉就像是自己的孩子在外面受了别人的欺负一样心疼。片刻后又会觉得很后悔，它们这么小吃不完这么多吧，自己还没有吃呢。真恨不得把糖捡起来塞进嘴里。又比如我们会经常逃课，简直是选修课必逃，必修课选逃，其邪恶程度即便是现在回想起来都觉得不可思议。并且每逃必能全身而退，无一例外。不得不说幸运之神挺关照我俩的。逃课时间我们都用来折纸飞机，比谁的飞机飞得高。玩腻后又会溜到学校后面的小山坡上捉蝴蝶捉蚂蚱。混到放学后才悠然地找到书包，像模像样地背起来若无其事地回家。

老刘是我三年级时的同桌，起初我和小婷都不喜欢她，原因有三。第一，她的成绩好，老师很喜欢她，而我们是不喜欢老师的；第二，她的个子很高，比我和小婷都要高出半个头，这也是后来我们亲切称呼她为老刘的原因；第三，她拆散了我和小婷，害得我和小婷不能朝夕相对。

可是老刘很会说故事，同桌半年后，我终于摒弃了之前对她的偏见，完全沉浸在她绘声绘色讲述的故事中。人总是抗拒不了新欢，当然了我也不会忘记旧爱，小婷因此还和我闹过一些小别扭，责备我和她交往过密，我无言以对。后来大概是因为爱屋及乌的这个道理，小婷慢慢地接纳了她，感情发展得突飞猛进，势头一度超过了我和小婷感情的最佳时期，气得我在旁边吹头发瞪眼睛。

小学六年的时间就在我和小婷对老刘的顶礼膜拜中过去了。结果是《安徒生童话》如数家珍，《十万个为什么》对答如流。

初中三年里一次又一次的分班让我们倍感友情的可靠，我们三个仍然死缠烂打顽强地存在于同一个班级。

我哭时小婷会比我哭得更伤心，老刘会轻轻地拍拍我的肩膀，然后蛮横地托起蹲在地上泪流成河的小婷，"乖，别哭，姐姐帮你买糖去，你是要敌敌畏还是鹤顶红？"

小婷被大胖欺负时，我会义愤填膺地卷起袖子冲上去对着大胖龇牙乱叫，却被大胖一句话噎得胃疼："你是她的什么人啊？"

"要你管？"老刘接过话茬，"我们是朋友。"

当时我觉得这是老刘说过的最温暖的一句话了，我们是朋友，多牛的理由啊。

老刘心情不好时我和小婷会变戏法般戏弄她，比如把她最心爱的书藏起来，或者骗她去老师的办公室，老刘会一一照做，发现上当后指着我们的鼻子大骂说："我这辈子做过的最愚蠢的事就是相信你们俩的鬼话。"但是依然会在下次继续上当，她似乎很健忘。

　　三年里我们只逃过一次课。我和小婷轻车熟路地领着从未逃过课的老刘翻过了学校不高的围墙，然后手拉着手在正午剧烈的阳光下撒丫子狂奔，毫无目的。最后我们坐在一棵巨大的香樟树下休息，气喘吁吁，谁都没有开口说话。

　　过了好久，我才低低地问了一句："高中以后我们还会在一起吗？"

　　"会的。"老刘坚定地说。不知是谁的一滴汗水重重地砸在我的手臂上，皮肤灼热得生疼。后来仔细想想，或许那是眼泪。

　　一旁的小婷早已泣不成声，她断断续续地说："我们要一起读高中，读大学，好不好？我不要和你们分开。"我用力地握了握小婷的手，不知道该说些什么。老刘把头转了过去，定定地望着远方，仿佛在思索着一个遥远而古老的故事。

　　后来小婷和老刘考到了同一所高中，我去了一所离家很远的高中，很少联系很少见面。再后来，就是现在，我的耳机里单曲循环着小婷喜欢的《认真的雪》，读着老刘送我的一直没来得及读的《麦田的守望者》。

　　突然觉得现世安稳，岁月静好。而我们，好久不见。

与爱情无关的荏苒时光

王永随

今天陆川打电话来的时候,我刚好在一家叫作"陆川饭店"的餐厅吃饭,我和他说的时候,他还一副很不相信的样子尖叫着问我是不是真的。

我看着盘子里还剩一半的牛排,笑了笑说,假的。

沉默了好久,陆川说:"听说大理不会冷,是吗?我们这里下雪了。"我没有告诉他,其实刚才的我正在北京的某一条大街上无助地找不到方向,来来往往的人群和车辆,在眼前落成一幅模糊的风景,洁白的雪早已被踩踏得不成样子。

我多么想,那时候,我一闭上眼睛,再睁开眼睛,就可以看到陆川,即使他生气地骂我笨也无所谓,谁叫我为了看一场雪而千里迢迢地跑到北京,然后还找不到回酒店的路呢?

这样想着,我又想起了以前我们一起为了高考而努力的日子,虽然我知道那样的日子一去不复返了,可是,它仍然值得我深深地怀念着。

我怀念苦读的那些日子,还好有陆川在,还好有一个人可以做伴一起做梦,我才有勇气那么努力和坚持。有一次下晚自习我错过了回家的末班车,又倒霉地碰上街头的小混混儿,就在我不知所措的时候,陆川刚好骑着单车过来,说:"我送你回家吧。"一路上我心有余悸不敢说话,还是他打破沉默:"看吧,许可可,你又欠我一个人情,你欠我的人情越来越多了,你说你该怎么还呀?"我狠狠地掐着他的背说:"这样还可以了吧?"他痛苦地叫了一声,"你这也算还啊?小心我把你丢在大马路上不管你了。"单车因为打闹而剧烈地晃动,我不自觉地扶着他的肩,紧张的情绪不知所踪。

那时候,我真的想好好地和他说声"谢谢",可是却说不出口。不过我相信,就算我什么都不说陆川他也一定知道。

我会永远记得他,会和我一起蹲在街边吃爆米花等不准时的公车,会在快要迟到的时候拉着我在人群中飞奔,会在楼梯的转角突然出现吓得我尖叫。我表面上骂他,可心底里从来没有怪过他。

我喜欢那样的回忆,在回忆里,一切故事恍如昨日,那时候我们穿着土得掉渣的校服到处乱窜,下课在走廊里闹哄哄,最恨老师抱着卷子走进教室,那时候的我们还没有各安天涯。

那时候,忙碌的我总是忘了吃早餐,陆川就会好心地从家里带来他妈妈做的奶酪和蛋挞给我吃,那种味道,我至今仍深深地怀念。陆妈妈说:"可可啊,你为什么非要一个人跑到大理去念书呢?要是当初和我们家陆川一起去北京那该有多好,陆川可以照顾你,你爸爸妈妈也可以少担心你了。"我听着听着就红了眼眶,却只能笑着说:"因为我怕冷啊,所以就来大理了,阿姨你不知道,大理这里四季如春,所以你们不用担心我的。"

和陆川聊着天南地北的话题,聊着仇恨深深的小时候,聊着关系开始缓和的初中,聊着结成战友的高中,聊着各奔东西的现在，聊着不着边际的未来……聊着聊着，那一半的牛排早都凉了。从餐厅里出来，天色已暗，看来我这个路痴是没办法自己走回酒店了，所以我拦了一辆出租车。开车的师傅是一个很好的人，问我："小姑娘，你是外地人吧，来北京找人吗？"一路上我们聊了许多，聊到了我来北京只是为了看一场早冬的雪，聊到了在北京我有一个很好很好的朋友叫陆川……转眼间，就到那个我兜兜转转了好久都找不到的酒店了，挥手作别后，我才恍然发现，我居然忘了问那个好心的师傅叫什么名字。

也许，所谓的人生就是这样的吧，许多人来来往往川流不息地在你的生命里经过，但是就真的只是经过而已，也许他会在你的生命里留下那么一点儿的足迹，可是，总有一天会渐渐地淡去，直到你再也捕捉不到他的气息。

我决定明天就回大理了，寒冷的北京真的不适合我。我没有告诉任何人我来过北京，我知道，有一些旅程真的需要一个人去走，去遇见，去经历，去受挫，去成长，内心才会强大到足够安放世间所有的悲喜和无常。

还记得毕业那晚我们唱歌唱到哭。也许要等到我们都老了，阳光依旧会暖暖地照在我们的脸上，再回想起来那些我们曾经一起走过的时光，那真的是一段与爱情无关的荏苒时光，却值得我一生珍藏。

彼岸旧时光

小 漾

毕业季早已过去，但我还是怀念那段彼岸旧时光……

似乎每一所中学都很愿意把军训当作开学典礼，期盼着长大的我们屁颠儿屁颠儿地迎来了初中，却也不情愿地迎来了军训。在那不是烈日烤大地就是阴雨连绵的一周里，疯疯傻傻却又认真地熟悉着陌生的一切。记得食堂三年中炖的唯——次鱼就是在军训期间，还有被我们严严实实围在当间儿的教官，还有旁边涂着唇膏的男同学，还有讨厌的军训结束后看见教官离开时的那点儿小不舍……

即使是正常的日子里，我们也不会忘了淘气一下来调节紧张和压力。我们喜欢把正在啃的香蕉当作话筒有模有样地演讲；喜欢给那些爱压堂的老师起外号，叫她们"堂老压"；喜欢踩着下课铃声拉着同桌向厕所飞奔，还美其名曰"私奔"；喜欢在上课时偷偷地想着某某同学好看的侧脸；喜欢把手表完全对准学校的时间，然后数着"五、四、三、二、一，下课"……

初中，总有些快乐和忧伤。

高兴时就大声笑，不高兴时就拽个朋友去操场上散心。追

《流星雨》，追许嵩，追汪苏泷。功课不忙时，会组建个帮帮派派，同帮人同路。几个人同时出现、同时消失、称兄道弟、勾肩搭背，各种不亦乐乎。由八人帮、七人帮到武当派、草莓派、蛋黄派，再到四大杀手、四大神捕，想找什么武林派，这里都应有尽有。只要下课铃声一响，各路大侠就像听到指令一样，到楼后没有摄像头的地方舞刀弄棒。后来发展到魏蜀吴三国鼎立，拿着方便面里的小卡片分担角色。再后来发展到真人版CS，拿着扫帚举着拖布杆加上捡来的砖头，就可以把穿越火线玩成八路军打鬼子。这段你别不信，在我们班里，真有！

初一那会儿学校还有家长接见日。这对一名绝对封闭学校的学生来说实属难得。这天要出板报开班会，这天可以见到阿玛和娘亲，这天有自由活动，这天有各种比赛，这天是我们整周奋斗的动力。到了冬天就盼着下雪，盼着可以打雪仗。

某个飘雪的下午，一位同学站在草坪旁津津有味地欣赏着大片洁白纯粹的雪地，另一个淘气包照着她的后背一推，她毫无防备，于是又平又厚的雪地上顷刻印出一个完整的人形。我们在旁边看着的，各种凿墙、撞树、踢马路牙子，全笑趴了……

后来，我们仍旧盼下雪，仍旧打雪仗、扔雪球、伸开手掌接雪花，仍在活动日的中午挤在校门口抢着买酸得龇牙咧嘴的糖葫芦，却没有了家长接见日，也在绽开的雪团中渐渐地遗失了一份傻里傻气。

学校一年一开的运动会、两年一开的艺术节都是我们十分期待的。在运动会开幕的前一个月，晚二下课就会有蜂窝状的人群从教学楼涌向操场，有练习跑的，有陪着跑的，有随大溜的，有借机飞奔发泄情绪的。各种原因，各种目的，各种跑步姿势，比下课上厕所的潮流还强大。运动会上锣鼓喧天红旗招展，学校组织学生每人拿着自己的椅子绕着操场跑道坐下。初二那年我为了看热闹不安分地到处乱跑,结果运动会结束时发现我把我的椅子弄丢了。椅子啊,不是我故意抛弃你,你怎么可以离我而去?唉,回去要站着上课了。

说到艺术节,那也是分外热闹。我们在后面甩着荧光棒,完全不顾形象地跟着放音嚎唱,把旁边初一的"小朋友"吓了一个趔趄。可和运动会不同,艺术节的热闹背后总会藏着一些小伤感,会心痛,还会泪流。

初二那年正是小城撤县设市的周年纪念,市里组织各学校出演团体操,我们自然落不下。二年级一千多号同学呼啦啦都站到大操场,跟着音乐老师做"一大大""二大大"。音乐老师个子不矮,但绝对也不算高。她站在不高的主席台上,被前面黑压压的人群一挡,后面的同学就什么也看不见了。于是就必须不停地调整队形分批训练,通常练到筋疲力尽口干舌燥,然后躺在操场的地上,头枕着同学的腿看天。学校临近东环路,我们五层教学楼在这片土地上算是最高建筑,四处全是绿地,所以头顶上的那片天也总是特别好看。看着软绵绵的天,感觉自己快要融化掉,轻飘飘地就快遇见周公。

初三时一些兵荒马乱渐渐隐退,许多孩子在楼门前挂的状元条幅中找到了自我,但是嚣张依旧,轻狂得好像举世无敌,别人一句轻蔑的话就成为战争的导火索,好像为自己开启了戎马生涯。初三考试次数一下子飙升了,刚刚从上次考试中回过味来,下次考试就轻轻地来了。每次考试后都狠下决心,在桌边贴了无数张写着"奋斗不息"的小纸条,一遍又一遍地说下次一定努力,可第二天从床上爬起来后就什么都不记得了,继续从前放羊的小日子。临近中考的那些天,该放弃的放弃了,该悔改的悔改了。大口大口吃着咖啡粉，恨不得把书也一同咽下去，眼神中夹杂着紧张的分子。同学们着急了呢！

　　初中最后一天格外闹，我们都忙着拍照，谁也没意识到这就毕业了。那些眼泪也不必提及，经历过的人都懂。曾经笔尖在教室的墙上涂鸦，曾经眼皮在午后的数学课上打架，曾经掰着手指数着何时放假回家，曾经许下那么多的誓言，说是永远不分开，最后才明白，我们还是小孩儿，会那么天真地以为可以永远在一起……

　　呵，真是越写越矫情，越说越伤感了呢！可是谁，让时光无情？把记忆风干？

　　写到这儿，不知怎么鼻子里竟有些莫名的酸楚，淡淡的。我不知道，我应该用多少文字记述这三年的时光。

　　时光不经意间就把我们最美好的年华冲刷得干干净净、无影无踪。昨天，我们还在怀念渐行渐远的童年，今天我却在这里怀念那段叫作初中的日子。

凶巴巴的爱

木 己

安小若

1

木己上初三了。

她心情非常复杂地看着现在站在讲台上的袁大头,转着笔,纳闷儿和这老师的缘分也太奇怪了,貌似初中三年以来每天都能看见他。当被诅咒的主人投来探究的眼光时,她非常无奈地抬起头,一副"我是乖宝宝我很听话"的表情。

她回过头,目光落在新来的男同桌脸上,一瞬间她有呐喊的冲动:喂喂,为什么男生的眼睫毛可以这么长?妖孽吗?

事实证明木己是非常有看人眼光的。

几个星期后,重新拼凑出来的新班级成员逐渐在忙碌的学习生活中熟络,大多人都有了外号。

"媚娘"就是木己同桌的外号,长长的眼睫毛,不浓,却明显有着一股女人味,木己突然觉得他们班同学的概括水平真是不错,只是可惜中国历史上唯一一个女皇帝难以安息。

"喏，给你的。"媚娘在某节下课空闲时，从课桌抽屉里拿出一块软乎乎的食物递给我。

周围有几双闪亮亮的大眼睛在各种欲盖弥彰的举动下，偷偷观望这边类似青春偶像剧中的场景。

身为临时课代表的木己抬头扫了一眼，低下头之前抛去一句话："我不爱吃蛋糕。"然后继续整理同学们的作业本。

媚娘愣了下，歪头不解："……这是面包。"说着把装着软乎乎食物的袋子硬是塞进了木己的抽屉。

木己皱皱眉，腾出左手把那个袋子重新塞回同桌的抽屉，毫无惭愧且平静地回道："我也不爱吃面包。"

上课铃正好打响，木己收好同学的作业放进课桌，瞄了一眼媚娘欣慰地想：终于放弃了。

四十分钟安然度过，木己正准备拿出作业去交到办公室，却惊讶地发现了那块软乎乎的不明食物，准备问媚娘，媚娘却抢先说："这是我妈让我给你的。"

"哦哦，未来婆婆承认儿媳了哎！""请问两位是从小定下的娃娃亲吗？"诸如此类的好奇宝宝的问题，聚拢了一圈围观的人。

木己郁闷地想：这么明显的圈套都没发现……她从作业中抽出自己的试卷，连同面包一起扔过去，"我懂得的，你就当我吃完了好了。"

周围围拢过来的同学们个个同情地看着媚娘："啊啊，情商真低哪……"

2

听说木己的作业在周六就可以全部说"再见"了。

听说多数同学必须要在周日奋战到深夜。

因此木己上初一的妹妹翻动着那一沓试卷咂舌,一脸受打击的样子摇着比她瘦小的姐姐,"木己你在开玩笑吧,初三的人怎么可能像你一样悠哉?"

"因为我不是你,"木己极其安然地看着对面一副杀人表情的妹妹,"我没记错的话某人即使不是初三,周日也会在被窝里打手电筒做作业不是吗?"所以说反问句什么的最讨厌了,木己的妹妹抽抽嘴角,很无奈地默认。

木己说她周五周六其实熬夜熬到凌晨四点左右。有一次,她粘着讲义突然发现三点了,时间是清晨。木己的妹妹听完这段轻描淡写的讲述,顺便看看垃圾桶里数量不可小觑的双面胶残留物和桌上只剩下小半卷的双面胶,突发感慨:"初三就是浪费双面胶的产物,刺激消费啊有没有!"

木己对她妹妹的脱线思维耸耸肩膀,并不在意。

"于是我上街去玩了哟。"木己挥挥手微笑着出门。木己的妹妹在她身后叹气默念:"孩子,你没有危机感吗?"顺便还在心里腹诽:老天,谁来收了这个妖孽吧!

只是一个恍惚,站在窗前的木己的妹妹,看到她姐姐身后是无限的阳光。那么柔和的颜色在春天的气息下甚称温暖。

3

当我某个下午听着木已讲完她初三的生活时,终于从某本我带来的漫画中抬起头来,向躺在叶子沙发上的她扔过去一个大大的老鼠抱枕,"你的小日子过得忒滋润,各种羡慕嫉妒恨有没有!"

木已准确地接下那只属于她的抱枕,朝我一扬眉,翻开白色的手机看看时间,接着拎起包直起身宣布道:"我要去上钢琴课了。"我低下头继续翻我的漫画,顺便一扬手,拖长声音:"一路走好——"

木已直接忽略了我那不怀好意的四个字,回过头对我说:"你敢动我东西,我会把你扔出去!"

"嗯,不会的……哎?你怎么扔得动我?"我错愕地看着比我瘦上十余斤的木已。

"很简单。"木已慢悠悠地抬头,整理好被我扔过去的抱枕弄乱的头发,风轻云淡道,"把巧克力、酸奶和漫画带出去就行了。"

……我无比怨念地看着木已,看她满意地点点头,恍然大悟地点头:原来我真的是演技派!

木已走后,我坐在她的书桌前,想起刚刚木已小姐讲述她的初三生活,无奈地勾勾嘴角:

笨蛋木已,我真正羡慕的是你眼中的神采。

我站到窗前,望着门口刚走不远的你的背影,突然有一种莫名的冲动,把手掌扩在嘴边成喇叭状:"木已,我才不会输给你!"

　　木已抬头望着我的方向,略有愣怔后露出了像狐狸一样的微笑:"嗯,我也不会输给一个笨蛋的!"

阿太，我是朝涨

朝　涨

2003年之前，我们家墙上一直挂着我太爷爷的遗像，他是一个清瘦的老人，神情并不严肃，眼窝很深，带着笑容。

太爷爷去世的时候，我还不记事，大概四岁左右。

太爷爷有三个儿子，老大2010年的时候过世，去世前已经患上老年痴呆症，生活基本不能自理，还常常独自一人在街上溜达，但神情恍惚，识不得人。我在街上碰到过他几回，喊他都没有什么反应，平常见到他，我总是要非常大声地喊他"大伯公"，他有点儿耳背，听到后对我笑笑"朝涨啊"，而有时又把我和我弟弟搞混，他是太爷爷三个儿子中我接触最久的一个。太爷爷的二儿子在2000年过世，那年他的大孙女刚结了婚，他应该是我太爷爷三个儿子中长得最高的。在葬礼上我和弟弟给他磕了头，也亲眼看着他的棺椁被推进墓室。太爷爷的小儿子，也就是我亲爷爷，在我爸幼年的时候就因为生病走了，我爸对他都没有什么印象，是太爷爷一手把他拉扯大的，连我爸和我妈的婚礼也是他老人家张罗的。

如今，只有小儿子的坟挨着太爷爷，他们长年做伴，守着老家的那个山头。老厝都已经快坍塌，我也好多年没有回去扫过墓了。回老厝的山路好长，总在山穷水尽之处又往更深的地方延伸。太爷爷的坟就在山腰上，淹没在一片荒芜的茅草之中。山脚下的炊烟袅袅，近旁有瀑布和溪水，他老人家应该也不寂寞。

关于太爷爷，我记得两件事。也是多么幸福，我还能记得这两件事，尽管这记忆年久失修，我根本看不清他老人家的脸。每当想起这两件事，我惯常都会以一种我仿佛记得全部细节的口吻去描述。这两件事都与我的病痛有关，而我的父母都是缺席不在场的。

一次是夜里，我应该是发起了高烧，我躺在老式木质大床上，灰黑色的床幔被收在两边，所以那应该是太爷爷的床。房间的灯光有点儿发黄，只照亮了很小的一个角落。然后太爷爷出现，把什么东西敷在了我的额头。按常理说，那应该是一块冷毛巾，但我的记忆告诉我那是一张煎鸡蛋。不知是记忆出了错还是已经被我无意识地加工过，那一张额头上冷敷的煎蛋和一斗室昏黄的灯光，把这记忆渲染得温馨而吊诡。

还有一件事发生在白天，估计是做晚饭的时候，我拿着柴刀砍竹子，估计也是想帮忙弄点儿柴火吧，一不小心就把自己左手食指给劈了，好像也不知道哭喊，撇了柴刀和竹子，捂着手就去找太爷爷。这个场景里，太爷爷并没有出现，但后续工作应该都是他在处理。左手食指第一个关节的位置上的那条伤疤，到现在还是清晰可见，像是岁月的一个指环。

上半年，我爷爷（奶奶在我亲爷爷去世之后又嫁了人，亲爷爷去世早我没有见过）也过世了，我没来得及赶回去。我没有太多的悲伤，只是当接到堂妹的电话时，心里突然就空了一下。其实从小到大，我跟爷爷奶奶、外公外婆都不是很亲近，由于从小在异地的关系，他们从来都不在身边，爷爷奶奶、外公外婆对我而言也只是称谓而已，直到上了初中，这种情况才有所改观。初中的时候我走读，有一年，爷爷因为生病在我家待过一阵子，那算是我和他之间最亲近的时候了。那时候每次放学回家，我都会故意很大声地喊他爷爷，因为怕他听不到，也担心他觉得我和他不亲近。

在我的印象中，爷爷身体一直不好，常年都在打针吃药。他过世前，咳痰已经很严重，听着让人很心酸。今年离家之前，我又去看望他，他依旧咳不出痰来，很辛苦。但看到我和爸爸，他还是很开心的，虽然他已经分不清来的是我还是我弟弟。那天我爸爸为他剪了手指甲和脚指甲，爷爷很听话很安静，像个小孩儿一样。我也很清楚地记得，那天，阳光有点儿清冷、凄惶，我坐在门口的小板凳上，觉得天白得阴森。

其实爷爷这一辈子也算过得幸福，膝下八个儿女，十多个孙子孙女，大多也都结了婚，又有了两个曾孙，一家生活虽然不富裕，但总算其乐融融。也许唯一遗憾的，就是这一大家子人从来没有聚齐过。

小的时候，我妈常说太爷爷非常疼我，说如果他能多活几年，能看到我长大，看到我读书那么厉害，一定会非常幸福。而我常常也幻想下课一回到家就大喊"阿太"，然后老少一番亲昵。

只可惜，我始终没能和他分享我的成长。我多想告诉他我现在过得很好，都长很高了，我们家现在也挺好的，虽然发生过一些变故，但也不必担心。我还想跟他说一说我这些年的一些困惑，我想搀着他散步，我想陪着他晒太阳，我想读书给他听，给他讲学校的故事，我要教他用电脑，我想和他通电话……

但这些都实现不了了。我现在唯一能做的就是在过年的时候，去给他老人家扫扫墓，清一清墓周围的杂草，烧烧香。天气好的时候，也许我会在墓前坐一会儿，陪他说一会儿话："阿太，我是朝涨啊，还认得出我否……"

天堂·远方

陈 茜

亲爱的太奶：

其实，我素来是不相信有天堂的，但是，我又如此矛盾地希望您能够住在那样一个美好的地方。

我记忆里的您，那样硬朗，是幼时的我再坚强不过的依靠。

那时，我年幼；那时，您年迈。我不再记得一些小时候您照顾我的事情，只是从家人口中略略知晓。您曾抱着我在巷子里乱转，我在那条巷子里生活了十二年，和您一起；您曾看着饿得哇哇大哭的我手足无措，那茫然的样子，看起来比我还委屈；您曾把辛苦种下的花朵折下来插在我头上，一脸欢欣……您曾为我做过太多太多事情，有的，被我小心翼翼地珍藏；有的，被我不小心遗落在时光里，生根发芽。

我如此庆幸，我可以依赖您那么多年，您可以宠我那么多年。

后来我长大了，后来您更老了。我越来越任性，您越来越宽容。我还记得呢，您咧开嘴角，呵呵笑的时候，脸上的褶皱像花儿一样绽放开来。您看，您留给我那么多记忆，我又怎么能够不想念。

我以为，您会一直这样硬朗，一直不让人担心。但是，我错了，当您有些微微的阿尔茨海默病的时候；在您已经开始坐在炕上，长久地凝视窗外的时候；在您的眼睛越来越浑浊的时候，您就已经离我越来越远了。

时光几乎摧毁了我们，您开始变得糊涂了，您会拄着拐杖从巷子这头走到那头，到处寻找您的丫头；您忘记了很多很多人，唯独记得我，那个在您的记忆里青涩、懵懂的孩童；您会偷偷把最大的桃子藏在柜子里，留给我吃。

您是那样宠着我，我以为这样的宠爱我可以拥有一辈子。

所以，我理所当然地专心于我自己的事情；所以，我理所当然地忽视您；所以，一直到您留给我的水果都烂掉，我也不曾去看您一眼；所以在您真的离开时，我感到钻心的疼痛。

我自信满满地笃信您不会离开我，但那时的我，的确太幼稚。

终于有一天，我听到您去世的消息，没有杯子打碎在地上的声音，没有蹲下来哭泣的欲望，没有意识到您真的离开了，一切一切都顺其自然得有些异常。

我赶到您的住所，没有去看您最后一眼，只是靠着墙站在那里，听着周围哭泣的声音，莫名地感到烦躁。

我想，当初我如果望着您流泪，或是坐在地上号啕大哭，或许，今天的我，就不会这样悲伤。但是我没有。所以，在三年后的今天，我才会发疯一样地想念您，就像现在。

我不忍心再去想起您，每次的不由自主，都让我感觉到锥心的疼痛。我多想再看一次您那皱皱巴巴的脸庞；我多想再打开门时，能听到您对我说"你认不认识一个丫头？我要找她"……可是我再也不能了，也许是我没有那样的机会，也许是我真的不配有这样的资格。

您是我的太奶，前世给我无限宠爱，今生被我如此辜负。

您是我的太奶，一个皱皱巴巴的小老太太，我幼时最最强大的靠山。

您是我的太奶，三年前离开我，我已思念您三年，您一直是我最深最深的依恋，愿您在天堂一切安好……

您的重孙女：陈茜

距 离

当年月

小时候,你不在我的身边,所以我对你的印象,除了陌生,还是陌生。依稀记得那时候妈妈打电话给你,总会把玩得正疯的我叫过来,对着话筒喊一声"爸爸",只要听到对方应一声,我就可以回去继续玩了。我知道你的存在,却没有对你抱过一丝向往,或许是我们太陌生了吧……妈妈说:"你爸爸在别的城市赚钱给咱们花。"所以那个时候,我与你的距离,是一座又一座冰冷的城市。

后来,你回家了,拎着大包小包。看见我,僵硬的嘴唇咧开了一下,算是对我笑过。我躲在妈妈身后,平静地看着你。你回来后,就再也没有离开过。你对我要求很严格,我一做错事你就严厉地打我。或许你深信打骂才会教育出听话懂事的孩子。一路成长起来,可以说我是被你用巴掌教育大的。那时候,我恨你,但心里最怕的人也是你。你的眼神,我都不敢去对视。你那颗严厉的心,使我因惧怕而不敢亲近。你近在咫尺,却似乎遥不可及,这是我们之间新的距离。

再后来,你是不是意识到我已经长大了,不该再动不动就打孩子了呢？我不知道。我只知道你真的很少再打我。脸上严肃的表情渐渐褪去，露出了慈父的羞涩。有些事情妈妈不支持我去做，你却支持。我慢慢地向你靠拢，也开始和你亲近起来，不再那么惧怕你。有时还喜欢和你开开玩笑，明明并不可笑，但你还是忍俊不禁。看着你泛白的双鬓，有时我会禁不住想，你真的是当年那个严厉的父亲吗？或许你已经退化了，武装的面具也被你摘下来了。现在，我与你的距离，应该是很近很近了吧？

但青春期的叛逆，还是把我和你拉回了原来的位置。你很啰唆，比起妈妈来，有过之而无不及，完全不复当年的严父模样。叛逆因子的作祟，使我一听到你唠叨就觉得特别烦。有时会生气地捂住耳朵或是把房门用力地关上，表示抗议，再或者直接跟你大吵大闹。你说我大了，管不了了；我说你老了，人变啰唆了。我们开始冷战，明明住在同一屋檐下，却像极了陌生人，每天冷眼相对。

偶然的一天，我和妈妈聊天，无意中聊起你。她说："你从小爸爸就在意你，每次打电话都要听一下你的声音他才能安心；每次你做错事打你后，他都会回房间沉默好久，有时还默默流泪……"这些话使我心头一紧，其实，你是爱我的，是吧？其实，我们之间是没有距离的，是吧？

我的爸爸！

修自行车的老爸

杜传青

当我在电脑上敲出这几个字的时候,映入我脑海的是父亲慈祥而饱经风霜的脸,憨厚的老爸如今已双鬓略白,曾经的他不是这样的。

2012年的春节,我回到邢台老家,在找东西的时候不经意间发现了我们家的照片集,我还不知道家里把照片都收集保存得这么好。当我翻开看到第一张照片时,不免有些难过,老爸老妈现在老得和照片上都对不上号了,特别是老爸,照片上一身绿军装,英气逼人,高大挺拔,这张照片多珍贵啊!我的父母曾经也年轻过啊,怎么一下子就老了呢!

我的父亲是一个普通人,仔细想想,这么多年我这个做儿子的好像从来没有好好地看看他——这个六十多岁的修了大半辈子自行车,靠自己的双手勤恳劳动养活一大家子的普通男人。

记得在我很小的时候父亲就在修自行车。那时候自行车是个很稀罕的东西,我觉得老爸干这个没什么不好,而且很骄傲。我每次跟着老妈或者姐姐去给老爸送饭的时候,都在一旁看他修车,因为那个时候街边是热闹的地方,人来人往,比家里好玩,何况他总会变戏法似的给我一块糖。那时候我感觉老爸很厉害，自行车的什么问题在他手上都能修好，邻里乡亲都会为这个事感谢他。

那个时候我感觉老爸是好高大好厉害的，不知道修车是件很辛苦的事，只是觉得他在家里待得少，陪我们的时间少，我起来时他已经出去了，他晚上回来，大部分时间我和姐姐都已经睡了。特别是冬天，天气寒冷，冷风吹在脸上像刀割一样，大早上补胎，要把结了冰的水面弄开，再在里面检查轮胎哪里漏气，手冻得和胡萝卜一样，又不敢抓怕弄破了。每晚回家都要拿煤油或者汽油洗洗满是机油的手，再上点儿防裂的药，在我记忆当中老爸的手就是这样黑黑的，布满老茧。

时间过得很快，我也上了中学，每次从学校回来都会经过他那修车的地摊。后来我和姐姐都去读书了，我想要么是老妈给他送饭，要么就是他早上带过去，因为记忆当中他很少和我们一起吃饭。修车的人基本上是上下班的时间去他那里，饭冷了没时间热，就喝点开水，凑合着把凉饭吃了。直到姐姐要去读大学的时候，他歇了一天，那次我们聊天，发现他讲话声音没以前大了，抽了这么多年的烟也不抽了，老妈说他现在身体不好，而且还要省钱给我和姐姐读书。

写到这里，我心里不大舒服，想到我和老爸的矛盾就是在这时候开始有的，那个时候临近高考，我的成绩不是很好，也贪玩。一次偶然的机会，听到老妈和老爸在争执，老妈说老爸有病不治空喊疼，老爸却说等我们毕业了书读出来了再去好好检查一下。我就和他们说，我不高考了，出去找工作，好让老爸去医院看看。老爸第一次骂了我，恨不得要打我，被我妈拉开了，我妈哭着说，都是劳碌的命，打也没有用。吓得我从此不敢再提不读书的事。

有一次他喝多了,对我说:"幸亏你读书了,为什么坚持让你去读书,因为我做了快一辈子的临时工,你千万不能成为临时工。"那一刻,我沉默了。

老爸老了,以前他上街走在我前面,现在却是他走在我身后,现在给他买的衣服也显得长了,他说晚上睡觉都要弓着腰,伸直了就酸痛……我猛然一惊,老爸身体状况真的每况愈下了,难怪修车的时候要佝偻着。

他说他修自行车这么多年,都已经习惯了,闲不住,挣点儿钱养老,还能做得动,实在做不动了也就不做了。

听到这句话,我真的是……我不知道老爸还要做多久,还能做多久。我只能在心底记住老爸对我们的付出,对我们默默的牺牲。我要在以后的日子多和他聊聊天,多花点儿时间陪陪他,有出息了,他也就少担心一点儿了。

这就是我的老爸,修了大半辈子自行车的老爸,和天下平凡的老爸一样,用自己勤劳的双手,默默撑起一个家,无怨无悔。

凶巴巴的爱

何 苦

初次听父亲说周婶在门口捡了个婴儿时，我是四年级。这才回想起周婶的模样，爱笑也爱骂人，整天穿着橘黄色的工作服，因长期扫街而晒黑的脸。当时很多人都劝她："别要了，是个弃婴，肯定有病的，养不活！""你家都有两个小孩儿了，负担不轻了。"周婶谁也不回答，面无表情地把阿嘟抱上了楼。是的，那个婴儿叫阿嘟，是个女孩儿。抱回那一天，正好有一辆救护车经过，响起"嘟"的声音，此后大家就这么叫她了。

真正见到阿嘟时，她都上五年级了。坐在饭桌前，瘦而高的她只顾着低头扒饭，挺安静的。我在周婶家待了一天，发现阿嘟是最忙的，洗衣做饭，拖地倒垃圾，像上了发条似的，一刻不停。与之形成鲜明对比的是她的哥哥姐姐，只躺着看电视或吃零食。我心里不知怎的，一下凉了。周婶把她带回来，却没有公平地对待她。后来下班回来的周婶也对着阿嘟大喊大叫，更坚定了我的想法，周婶当初或许只是一时冲动，却经不起时间的磨炼。终有一天她后悔了，阿嘟的人生只能这样倾斜下去了。

从周婶家回来，我很快便淡忘了心中的惋叹，不知是认可了还是麻木了。再次见到阿嘟，她已经上初中了。个性活泼了些，模样不像谁，却好看。那天周婶放假在家，嗓门儿、脾气还是那样大。阿嘟中午出了门，说去找同学，一会儿便回来。可到了晚上，周婶气鼓鼓地站出小区门口瞭望，阿嘟也还没回来，打电话过去也尽是忙音。就在我们拉着周婶回来吃那碗只吃过一口的饭时，阿嘟开门进来了。周婶跳起来，抓起身旁的毛巾就往阿嘟身上抽，一边打一边流泪。"你去哪儿了？不会打个电话回家吗？养你那么多年，米饭钱你都还没还给我呢！就想这样走了！"虽这样说，但周婶哭得更厉害了，手都颤抖起来。阿嘟任凭打骂，流着泪站着，一声不吭。我想起小时候母亲也这般打骂过我，母亲比我哭得还厉害，我不久前才明白过来，那是爱，害怕失去的爱，深入骨髓的爱。

  入夜了，我和阿嘟一同坐在床边，她看起来是那样的平静柔和，我都不敢相信是周婶给了她这样的性格。阿嘟拿出厚厚的相册，一张张她的笑脸映入眼帘，她哥哥姐姐的照片远不如她的多。她说，她虽从不管周婶叫妈，但她心里清楚，以后哪个母亲也都比不过周婶了。周婶从小就不瞒着她，让她知道自己的身世。周婶虽然看起来凶巴巴的，对她却是极好的。我想我看出来了，那些照片上，阿嘟的穿着与笑容一样美丽，周婶怀抱着的也都是阿嘟。

  第二天和他们告别后，我走出了门，这时听见周婶又喊起来："你再吃那么一小碗就别吃了！省事省钱！"这次，我的心却暖暖的，轻轻掩上门，屋外柔暖的阳光扑面而来。

极品老妈大起底

狐苡楠

有一个女人，她那么值得我自豪。她的努力、她的勇敢、她的坚强，都让我为之鼓掌、为之欢呼。她是我的英雄，是我最爱的人。

我一直想要一只大熊，她说，年末给我买一只跟我一样大的。后来到了年末，她给我买了一只跟一岁时的我一样大的熊。

我主修经济专业，她说，可以去银行工作。我说担心银行会破产时，她幽幽地说了句，也只有华尔街的银行会破产。

我放假在家想练练毛笔字，于是我们一起出去逛街时，她说，那个2B的毛笔要不要买一支？

我给她听《柴米油盐酱醋茶》那首歌，她问歌词"有了你，什么都不差"里面那个"你"是不是指钱？

我教她打字，她给我发信息说能不能拍个照片就能把字自动输入好，打字太麻烦了。

她因为工作需要，读完大专又读本科，向我炫耀，她是带薪读本科，然后等我放假回家帮她写毕业论文。我作为经济学专业的学生放假回家要给幼教专业的某人写论文，还被逼着看幼教专业的课本。

小时候，她规定我每天都要练字，大年三十也不例外，但是周末从来没有补习班，总是带着我去郊外。她去挖荠菜，几次蹲下站起就累得不行，虽然嘴上嚷嚷着要回去，眼睛却还四处寻找，然后兴奋地喊："哎哟，你看看，这边好大一棵啊……"

晚上我跟着视频学跳舞，她就贱贱地在我面前飘来飘去，还说是在饭后散步。

她突发奇想要跟我学复古爵士舞，学着学着就变成了机械舞，被她说成是"擦玻璃"和"爬绳子"。

她自己发明机械舞动作，然后教我五岁的妹妹爬绳子，妹妹对虚无的动作和想象中的绳子表示不能接受和理解，我个人觉得妹妹会得妄想症和精神分裂。

跟我一起跳健美操时，她自己创新偷懒动作，让我无力吐槽。

我学跳《Sorry Sorry》时，她在旁边看了半天，说，这个舞蹈编得不错。

她让我教她跳骑马舞，每天都教，一个寒假，还是不会。

她进厨房，总是忘记要干什么，还总是会顺路进来我房间陈述一下这个事实。

她把盒装牛奶直接放在煤气灶上加热，牛奶盒膨胀到爆破，她还忘了这事，问我：什么东西活过来了？

晚上煮粥时把不锈钢饭架子一起放进高压锅蒸了，其实什么东西也没有放，但是这样她就可以不用洗架子了，第二天晚上我问她还蒸架子吗，不蒸我就把它洗了，她说我不洗她就继续蒸它。

她煮的白木耳都被吃光了，然后在洗碗的时候自言自语：

"都吃完了,这么好吃,我是怎么煮出来的?"

我读大学,她就等我放假回家教她大学生流行词汇和新潮事物,比如龚琳娜和鸟叔的新歌。

我回家的时候发现五岁的妹妹被她教得开始说"脚脚""猪猪"等各种卖萌叠词,小孩子本来就口齿不清,害得我把"猪猪"听成了"蜘蛛"。

她觉得龚琳娜的《金箍棒》好听,一边听一边笑,想跟着唱,结果发现自己连歌词都读不清楚,于是放弃。

她喜欢听周杰伦《公公偏头痛》开头处皇上的笑声,听了就跟着大笑。

在知道我在写关于她的文章打算去换钱时,她决定跟我要版权费和极品专利费。

……

她的故事写也写不完。她就是我的极品老妈。

我对老段的感情很复杂

芮 婗

我在还没认识老段的时候，就频频从别人口中听到与他有关的事情。总结起来他被贴过以下几个标签：因教学经验丰富而闻名全县，多年来工作都认真努力，对人严肃冷淡，不苟言笑。

见到他第一面时我便隐隐相信了外界的传闻：年过半百的小老头儿，个子不高，有啤酒肚，稀疏的头发妥帖地趴在头皮上。因为上了年纪，面部肌肉有些松弛。穿笔挺的西装和锃亮的皮鞋，干净整洁之外又给人以敬畏感和距离感。

老段讲课确实好。黑板左侧罗列详尽的知识点，右侧是对应的例题和练习题。每节课他总要写满黑板好几次，细碎的白色粉末落在他的肩头。而每个认真听课的学生一节课下来都觉得异常饱满充实。

老段工作的认真和努力大家也是有目共睹的。作文书里描写老师"深夜在昏黄的灯光下批改作业""带病讲课"等一系列催人泪下的情节，在遇到老段前这些都从未在我身边真实地发生过。所以当我看见老段一边打点滴一边批改作业，咳嗽得满脸通红仍然坚持讲课，讲到嗓子嘶哑再难发声时，我被他那颗赤子之心给结结实实地感动了一把。

老段是隔壁班的班主任。我印象中的班主任基本上都是话痨，总是站在讲台上喋喋不休地传授自己的人生经验或是用一件小事引申出无限多其他的事，他们甚至会用一节课的时间教育一个上课一不小心睡着的学生。但老段很另类，他沉默隐忍得如一株苍劲的植物，他将话语全部都留给了课堂。记得初中刚入学时，每科老师都用一节课的时间讲学习方法。但老段只说了一句题外话就开始讲课，他说："如果你从现在整理一本错题集，到了初三会是很好的复习资料。"后来，事实证明，这是最有实效的方法。

老段曾经给过我一个终生难忘的愚人节。4月1日那天，我利用去办公室送作业的机会，对老段撒了一句谎："老师，英语老师说今天要和你换课。"老段正要回应，手机却响了起来，他接了电话便不理我这茬儿了。我自讨了个没趣，悻悻地走了。那天老段还是按课表来上课，我为自己拙劣的谎言暗暗羞愧。

讲完课后老段走到我的座位前，一本正经地对我说："你们班主任让你去趟办公室。"我听了，心里一惊。一边回想有没有犯什么错误，一边往教室外走去。正要走出去时，老段在我的身后幽幽地说："回来吧，你愚老师一次，老师也愚你一次。"全班顿时哄堂大笑。要知道让一向不苟言笑的老段发挥一下他的幽默细胞有多么不易，而他将这种不易意外地给了我。

老段不喜欢对学生进行长篇大论的思想教育，但我是例外。我在一次考试中从前几名退到了十几名，心有失意，闷闷不乐。老段在上早操时把我叫到一边，随着广播里的节奏缓缓地讲话："几名和十几名的能力能差到哪里？每科拉低两分，六科就差十二分，中间不就隔着十多个人？所以名次在几名到十几名之间起伏很正常。你看看你,这么点儿事就看不开,以后的大风大浪还怎么面对?"这些略带责怪意味的话语,朴实得深入人心。

从上面的事情来看,老段对我还是挺不错的,但之前却不是这样。

之前,我是老段口中那个将火柴根数算成负数的笨蛋,是数学周测回回倒数的差生,更是做事冒失的数学课代表。他显然对我很不满意,所以他让数学成绩好的同学登记分数,在黑板上抄写例题甚至收发作业。而这些,本都应由数学课代表来完成。不论有心还是无意,老段曾经就是这样将我的自尊心践踏得一文不值。

我不否认那段时间我恨极了老段,但我也清醒地知道,除了自身的努力外,没有什么可以帮我改变现状。所以后来的事情变得很励志。

老段曾在一次讲评试卷时说:"有的同学,虽然不是很聪明,但非常认真,所以连着几次都可以拿到满分。"彼时,我正低着头,盯着自己没有任何错误的满分试卷,心里盘算着这是第几个满分。我知道老段说的就是我。他不轻易夸奖学生,是我的努力得到了他的肯定。是他教会我如何在别人将你的自尊狠狠地撕成碎片时,咬着牙,忍着泪,一点点地将它们重新拼凑完整。

所以,一直以来,我对老段的感情都很复杂,除了学生对老师特有的那种尊重外,还有别的什么,但我说不上来。只是,我如今面对讲台上一边长篇大论大谈尊重,一边与学生讲话眼皮也不抬一下的数学老师时,我就很想念老段。

花开的声音

陈呵呵

那是一个挺平常的夜晚,我抱着电脑在刷日剧,常年保持"离开"状态的QQ突然弹出一条申请好友验证的信息。

阿界,我是阿K。

阿K……我眯着眼想了一会儿,终于想起来阿K是谁。

我和阿K相识于三四年前的一个文学论坛,阿K是管理员之一,而我是新上任的某版块版主。一来二去就这么认识了。后来阿K不知出于什么原因离开了论坛,就逐渐淡了联系,再后来我换了QQ,就完全失去消息了。

通过好友请求后,阿K立马发来一串问候。还是曾经的语气,好像我们上次对话距此仅隔数日。我有一搭没一搭地回着阿K的话,直到阿K说我变了,没有以前活泼了。

我说我老了,现在对什么都提不起兴致,只想安安静静混吃等死。

刚点了发送没多久，屏幕上立刻弹出了阿K的质疑：骗人。你甘心这么普通？我不信。

我有些哭笑不得，问：难道你想象中我应该是出任CEO嫁个高富帅走上人生巅峰的那种？

阿K居然还一本正经地说：比这种稍微差点儿吧。

我很无语，回道：原来在你想象中我那么棒。但现实很残酷，接受吧，我辜负了你的期望。

过了两三分钟，阿K才徐徐发来一段字——

未来小有名气的写手，有工作还有稿费，收入不够荒淫无度，但衣食住行无忧。

多美好的希冀呢，但我除了小有名气，其他似乎都做到了呀。

虽然做得不够很好——当然这句话，我留在心底没跟阿K说。

初闻阿K的想法很好笑，笑完却觉得失落。

不知道那时的我是否跟你勾勒过我的未来，你希望我不被时间打败，我却败给了生活。我很遗憾没有你想象中那么棒，三四年前的我是怎样的呢？

那时的我被那道名为"高考"的结界圈在一个特定的小角落，充斥在周遭的除了考试就是补习，就连睡觉都在背文言文、英文单词和化学公式。我迫切地需要呼吸，需要别人听到我的声音，可又不想别人知道那是我，因为我怕我不切实际的梦想会被人嘲笑。

就在这个时候，我通过论坛认识了很多志同道合的朋友，我们在坛子里畅所欲言，百无禁忌。从小到大我都不是一个成绩优异的好学生，好像在大多数人看来，学生时期的成绩好坏已经决定了一个人未来所有的道路。

但事实果真如此吗？现实告诉我们并不尽然。

可没有人愿意听我说这些，所以我将这些说给网络那头的他，她，和他们听。

鲜衣怒马，仗剑江湖。

这是我当年的夙愿。现实里我无法付诸实践，网络却帮我还了愿。

我说我以后要当一名背包客，用自己的双脚丈量全世界，写出被很多人喜欢的小说。我还说我要去丽江开一家中式客栈，住进来的旅客必须穿汉服，否则不接待。我也说过我大学要去学西点，然后开一家属于自己的甜品店，或者拥有一家自己的书店也是极好的。

梦想越来越小，心也越来越容易满足，时间这东西太妙不可言，我们谁都无法信誓旦旦说它能成就我们什么，平凡并不等于平庸——在重遇阿K之前，我一直这么安慰自己。

曾经希望自己不要被生活磨去棱角，到头来还是输了。

其实仔细想想是有一些不甘心的，为什么会变成这样？是我不够努力吧，是我太过不切实际了吧，还是其实我只是在自说自话？或许都有，可为什么，我不能找到过去的自己，然后握手、拥抱，重归于好？

我花了将近一个月的时间来想这件事，或许当初的自己还是太过年轻，总以为自己能想到的就一定能做到，却又无法承受失败的打击，久而久之，那颗高高在上的心就这么搁浅了。

现在我无比庆幸阿K的那几句话，让我决定重拾曾经丢下的小野心。

不再好高骛远，不再异想天开，一步一步，脚踏实地，做好每一件触手可及的事。这样的我，才有资格伸手去触摸更高的梦想。

我想我会始终怀揣着我的"小野心"，适当的时候给它浇点水，或许它会在夜间悄悄膨胀，有一天开出让所有人惊喜的花朵。

所以，你听到花开的声音了吗？那是我们曾经的梦想。

等你，在阳光街暖的日子里

遇见你的夏天

五十岚

时光漫步，我又来到遇见你的那个夏天。

夏天总是有太多太多的故事，在清晰的雨里，在潮湿的海风里，在夏日明朗的阳光里。

蝉趴在树上一声一声地嘶鸣，有些聒噪，响在耳边，却又很邈远。明明已是夏的末点，却仍反复滚烫着夏的气息。我更喜欢把秋的初期，唤作夏。

耳边是嗡嗡的吵闹声，谁在拍着桌子喧嚣着那些个惊悚或者精彩的假期逸事。开学第一天，整个假期蜗居在家的同学们都脱胎换骨，一改懒散模样，精神地打着"八卦""问候"的旗子互通邻里。

还没有完全从假日的沉闷中摆脱出来，我懒洋洋地趴在桌上，脸贴着木制的桌面，木质器具特有的凉感浸入皮肤，太阳穴处传来的跳动也是清晰可感。就在我昏昏欲睡的时候，同桌突然凑过来神秘地低声道："喂，听说今天有个很有看头的转校生哎。"

"哈？是吗……那欢迎欢迎。"我依旧有气无力，有口无心地应答。忽然感觉手臂被抓了一下，同桌兴奋的叫喊砸过来："来啦来啦！"

我抬头，只来得及看见一个橘色清瘦的身影闯进视线，很酷地把书包往桌上一扔，又急匆匆地跑了出去。全班稀里哗啦唏嘘一片，更有唯恐被无视的男生敲着桌子乱叫，兴奋地把脑袋凑出侧窗煞有介事地吹口哨。

我扶着额头，很虚弱地和同桌对视，同桌很确定地点头鄙视我："你看，连个转学生都比你有朝气。你真是太失败，太失败啊班长同志。"

苏菲就这样插入我凌乱无序的生活。

完全没有初次见面的凌厉，苏菲实际上是一个很活泼、很开朗、很八卦又很温顺的女生，习惯动作是推眼镜，很瘦，很有朝气，当然也很有气质。所谓气质，在我看来就是亭亭玉立，顾盼生姿。我曾经不止一次建议她去话剧社报名，绝对大红。可惜她对这些社团没有一点儿崇敬之情，更不懂为我抬举她而感恩。

在成为同桌之前，我们仅仅是"同班、同宿舍"的同学而已，也会到"见面打招呼，开玩笑，偶尔拳打脚踢地问候"的地步，但并不是很熟络，而且时常会吵架，估计是性格不合，天生相克。有时会因为一些芝麻大点儿的小事就吵得不可开交，面红耳赤。

那次是元旦，晚上要开班级晚会，把教室装扮得风花雪月之前，老班宣布了调位的事，我恰巧与苏菲一桌，而刚刚吵完一大架的两人隔着一排桌子吹胡子瞪眼，同时在心里大喊："我才不要和你一桌！"而晚会时又和好如初，隔着用桌子圈起来的半个

143

厅场扔可乐和糖果，争先恐后地扎教室最中间的蓝色气球，出手慢躲得更慢的被气球里飘散出来的金星星装饰成了小精灵。有时候不得不赞叹我和苏菲两人的承受和忘却能力真是强大。

我俩属于人来疯，遇到事情的解决方案也是齐刷刷地指向"电闪雷鸣式"，如此刀光剑影、昏天暗地、鬼哭神嚎。

后桌的男生常常托着下巴睁大眼睛看我俩每日必上剧目——《武松打虎》。主角配角不定，时常拉上后面的仁兄做炮灰，当景阳冈那个店小二……手里的碗。天长日久，后面的仁兄们抒发无奈感慨："你们还真能闹腾啊，每次抬头都能看见你俩老虎来武松去的。"

我俩回头很默契地笑，并不耽搁以后"刀剑如梦"的日子。

这种日子，在苏菲妄想掩藏一个秘密没能得逞而被揭发之后更是灿烂得不得了。所谓的把柄，便是最不想被人知晓的，藏在心底的隐晦的秘密。而苏菲因为一时失误泄露的把柄后来在我、小蚕和卢妖的协助下发扬光大、路人皆知。

那个不得了的秘密就是——苏菲有个暗恋了很久的男生。

虽然是很件普通的小事，但却让苏菲给做绝了。她秉承"爱就爱到彻底""天下之大唯我独尊"的爱情理念，目中无人地把暗恋这事做得"前无古人，后无来者"。

不过是简单的"暗恋"，被暗恋者叫卡卡，他知道苏菲喜欢他，也曾经喜欢苏菲，不过重点词汇在"曾经"二字上。一说曾经，一切都蒙上了古旧的色彩，再怎么惊天动地的传奇，再怎么天长地久的誓言，都因带上了"曾经"的标签，终究要被历史洪流所遗忘。这种事情，念来让人感喟，也经常地让人无所谓。

很明显，卡卡早已忘记了生命长河中有关苏菲的这短暂如沧海一粟的曾经，可是苏菲现在还死死地喜欢着人家，思念着人家，妄想着人家有一天能回心转意，换句话说，就是毫无光明可言的单恋。

单恋女生最可怕也最有耐力，例如苏菲。她在离别的短暂的四个月里，记了整整三本日记来追忆她的似水年华。那些笔记本被我们翻出来的时候，呵，摞起来都快顶上一本《现代汉语词典》了。

身为班长的我"痛心疾首"："身为神武英明的大班长的同桌，你竟然暗地里偷偷私藏这种大逆不道的东西！"身为英语课代表的卢妖更是在旁附和："这些要都是英语笔记的话，可怜的英语老师也不会被你气得岔气，读课文都结结巴巴的……"身为语文课代表的小蚕已经"痛心疾首"得无以复加："可爱可敬的语文老师容易吗？整天披星戴月、勤勤恳恳，还要教导如你这个十窍通了九窍，就是一窍不通的家伙……"

苏菲被我们这个半包围结构的偏旁组合弄得晕头转向，举手投降。

苏菲在所有课程里，最讨厌英语课，可偏偏英语老师是出了名的敬业，每周不仅要兢兢业业地上正课，还要找些自习圈点课，有时心情不错再来给我们上一节政治教育课，简直比我们的班主任还要敬业十万八千倍。

有一次英语老师讲到一题突然大有感慨："你们看看这题，总是有差别的，就是有人看不出这个小陷阱。你们看看人家卢美素同学，她是不写作业，可人家能得着分呀……"

苏菲在底下咬舌嘀咕："就知道拿卢妖当'正面典型'……"

紧接着英语老师继续，"你再看看苏菲，她也是不学习，就是不得分吧……"我偷笑，小声回答苏菲："是呀，而且你每次都是反面典型呢……"

苏菲本质还是很善良的，用句老话来说就是乐于助人，我们都说期末给她在评价报告表上写这个词一点儿都不夸张。苏菲有一个最大的特点，这也是我们每日无聊的课外生活中唯一可以抓住的乐趣，那便是——死心眼儿。

比如说她喜欢演员明道，就会常常有"泪花迷离地追忆明道种种"的景象，如若她一手持笔一手撑下巴凝固二十分钟以上一动不动，她的脑子里除了卡卡和明道肯定没别的了；比如说她喜欢《一千年以后》，唱得跑调却还要坚持不懈，仅仅是因为卡卡曾经唱给她听过；再比如说她喜欢绿色心情牌子的雪糕，每天必吃一根，绝不分人，还要用欠扁的语气说"这是卡卡曾经给我买的雪糕哟"，那纯情的表情与绝对的忠贞让我们这些不相信暗恋会有好果子的"90后"嗤之以鼻。

她所有的天长地久，都简单地与卡卡和明道挂钩，她生命里永恒的两个人，让她的忠贞找到归属。

即使再毒舌如卢妖，也要对这样的苏菲感喟唏嘘，仰天长叹。

日子犹如火车那样呼呼地就过去了，留下一声声气鸣，呼啸着穿过四季。毕业的日子转瞬而来，回想过去，短暂的都如手心里的流水，无法长久。那些笑与颦、不屑挥霍的时日，竟都成了曾经说过的"曾经"。

但我们仍是没心没肺的模样，整天以疯癫丫头的形象招摇过市，会为一件小事而追半幢楼的路程，会一起大唱着国歌走在路上，会对着某些人拼命地咳嗽吹口哨，会凑在一起没完没了的八卦……

记得考文综之前的晚上，我和苏菲趴在被子里打着手电传纸条，记起过去的日子，我们曾经的疯狂的举动，不禁微笑。

与曾经美好的日子挥手作别，希望不远处，能再次见到这些美好的时光。

吾亦不煽情

夕 四

兔子，我之所以用这个题目，是因为"吾亦"和"武艺"谐音，再来也应了你之前的文章标题，是不是听起来好厉害的样子？

2013年2月19日，高中开学的第一天，我居然只是为了过过瘾，背着书包，赶在他们放学的时间段在街上溜达，装作刚放学的样子，心情也特别好，因为刚刚跟亲爱的你打过电话，你说你写的有关咱俩的文章在《中学生博览》上发表了，我整个人都觉得轻飘飘的。

中午吃完饭，我屁颠儿屁颠儿跑去你们家拿你准备送我的《中学生博览》，如果那个时候有人在街上，一定会看见一个姑娘背着个书包，手里捧着本《中学生博览》，一边看一边努力地把嘴巴咧到耳朵根。一个个打着"不煽情"名号的煽情文字映入眼帘，一幕幕熟悉且不觉遥远的记忆浮入脑海……我的童年里跳出两个小小的身影，小学的时候最快乐的时光就是夏天了，那时的暑假我们每天一起去练琴，然后我就去你家玩，过家家，看电视，做冰块……记得一次钢琴考级之后我们看上了同行的小朋友用的湿巾，回到家后我们就自己在抽纸上洒上水自制湿巾，这件事情我现在想起来都会笑出声音，浪费了你家多少抽纸呀，还真是天真无邪啊，哈哈。

小升初后我顺利进入了实验中学，你也在六年级的课堂上努力加油，说要考到我的学校。为了鼓励你，我写信给你打气，后来你也顺利考上了，你笑着说我是你的榜样，所以得再努力一些，不许贪玩，考上好的高中继续给你做榜样。我笑着揍你，心里却暖暖的。

你上了初中后我们的联系没有小学那么密切了，直到有一天你居然搬到了我们小区，我们又开始腻在一起，暑假晚上每天都和你骑着单车轧马路，玩"信任"游戏。有时候你想和王子出去玩又怕你妈不同意，就会让我去救你，因为阿姨特放心你跟我在一起，于是我乐此不疲地跑去救你，哈哈，有没有很想亲我一口来答谢？

高中的生活很是紧张，可是这丝毫没有影响我们的关系，我们还是在相同的学校，有着相同的节奏，以至于有一次你妈特认真地问我咱们是不是同性恋，我笑着回答这就是朋友的最高境界——在别人眼里我们是同性恋。高中你继续你的花痴风格，这一次是一个长得很像盛超的男生，他恰巧是我的邻居，于是我便经常在上网的时候被你强迫探出头看看邻居的绿色电动车还在不在……

高考第一天结束后，我回家在门上发现了你贴的字条，让我加油、细心，字条背面还画了一只兔子，当时看了真的好感动……

高考后我去了一所大学，一年后你也上大学了，这一次我们不是同一所学校，可是我坚信我们的友谊不是距离能打败的。可爱的兔子，你苗姐一向是一个不善于表达的理科生，其实脑袋里想的很多，但是敲文字一直是我的短处，不像你从小到大都是语文课代表呀，哈哈，我的学妹是个才女，我骄傲！

  在未来的人生旅途中，你要继续加油，苗姐一直站在你这边！我们还是可以没心没肺地大笑，可以坐下来看怀旧电视剧，谈谈心。有你，真好。

东风夜放花千树

晞 微

关于我和花儿小姐的相识，我只能说是太神奇了。我和花儿小姐初三是一个学校的，但那时候我们还不太熟，我只知道她叫莫莉，见面也不会打招呼，我们的生活也没有交集。所以在莫莉转来我们班时，我还乐呵呵地对同学说："啊啊啊，她长得好像我初三隔壁的姑娘，这个妹妹我是见过的……"我单纯地想，世界上果真有两片相同的叶子。

后来老师让莫莉做自我介绍时，我才知道，她原来就是我们初中的那个莫莉啊。莫莉姑娘羞答答地做自我介绍，末了来了句："我不认识你们，你们不要欺负我……"

顿时我就热泪盈眶了，这姑娘，的确是奇葩呀。我扯着同桌的袖子，深情地唱："老乡见老乡，两眼泪汪汪……"

后来每当我提"我不认识你们，你们不要欺负我"这句经典台词时，莫莉就对我冷笑，让我不敢造次。

为了响应"照顾老乡照顾新同学"的号召，老师把莫莉同学的位子调到了我旁边，我开始自觉地担负起莫莉同学的起床闹钟兼新校指导。再后来，熟识之后，我们就成了连体婴，我对她的称呼也由起初的"莫莉"到现在的"花花"。在瞥到她QQ里的备注后，我挤眉弄眼："真有默契，咱的备注是'花花花花'哦。"

认识久了，你会发现，莫莉小姐开始的温柔羞涩完全是假象。

莫莉就像加菲猫一样，爱吃东西、爱睡懒觉、爱欺负人，唯一不同的是，她很骨感，加菲猫很肉感。说到欺负人，莫莉在此方面一直很有造诣。她能在欺负了人后一脸无辜地看着你，炉火纯青的演技总让我暗想，这姑娘考中戏是挺不错的。

我和莫莉总是狼狈为奸，干的那些"坏事"，合起来可以写成一本《那些年，我们一起坑的女孩儿》。我们闲下来聊天，开口闭口都是《爱情公寓3》里面吕子乔式地方口音的"小姨妈"和唐悠悠式的"大外甥"，或者假装老外，还在中文中夹杂着英语。

"Do you have 修正带？"

"No 有。"

旁边的人都一脸嫌弃地看着我们："没救了你们。"

作为在重口味与小清新间游走的伪爷们儿莫莉的朋友，你得忍受她变幻莫测的风格。当你在看她签名里文青范儿的"山有木兮木有枝，心悦君兮君不知""他说，爱都是对的"时，下一次，她就换了个签名"关于我为什么没有男朋友的问题，我想是因为我不是男的"。

她穿露肩服，去网吧，喜欢玩游戏，有些小猥琐，但她绝对是个值得去善待的好姑娘。她不是多么坚强，但她一直都在让自己更坚强。

我们一个像夏天，一个像秋天，有过不愉快的时刻，有过默契的时刻，潮起必有潮落，人生如此，友情亦如此。

那个开心会咧嘴大笑的莫莉，那个不高兴会暴躁不已的莫莉，那个重口味的莫莉，那个小清新的莫莉，她喜欢阿狸、喜欢热闹、不爱非主流、讨厌一个人，她有好的，也有坏的，但都是我爱的花儿小姐。

等你，在阳光街暖的日子里

等你，在阳光微暖的日子里

曦 晗

1

阳光微暖，在指缝间漏下，窗外不知名的鸟儿哼着悦耳的小调，空气里都是温暖的味道。我看着面前的奶茶弥漫着带有红豆香味的白气，安适地微笑，一切都那么美好。可手机不合时宜地响了，我一按下接听键，电话里就传来了安童大喇叭加扩音器的声音："死颜颜，你怎么那么久啊，我都急死了，赵小贱的篮球赛都快开始了，你怎么还不到？！"

我大脑死机了三秒后，一下从座位上跳了起来："完了完了，安童，我忘了！我马上去！"临挂断前还听到安童不停地埋怨，在瞄了一眼手表确定只有三分钟篮球赛就开始的时候，我绝望地跑出奶茶馆，没形象地直奔学校。

我最后还是错过了赵小贱的篮球赛，错过了安童口中赵小贱那一个完美无比的扣篮和最后几秒绝杀的三分球。

2

周一上学，我磨破了嘴皮道歉："赵小贱，不不不，赵一舰，您就大人不计小人过，别生我气了，我是不小心忘了，你就……"

"林颜颜，你要不想来直说啊，答应了别人的事做不到，让人生气，你觉着特有意思是吧？你无不无聊？"赵小贱白了我一眼，就没再搭理我。我像被泼了冷水一样，心里怪难受的。上课铃在这个时候恰合时宜地响了，我看了一下赵小贱，还是一张包公脸。接下来的一周，我都没再找赵小贱说过话，赵小贱也仿佛特有骨气地没再来找我借过作业，我也后知后觉地发现，我就这样和赵小贱冷战了。

"你打算就一直这样下去啊？同班同学抬头不见低头见的，不尴尬啊？"安童一边吸着钟爱的柠檬汽水，一边眨着那双紫葡萄似的大眼睛看着我。

"虽然说是我不小心忘了，但他说话过分了点儿吧？我林颜颜可不是那种受气的人！"

"颜颜，你们就别这样了，再这样以后有你后悔的。你还不知道呢吧，再过几星期，赵小贱就不在我们班了。"

"他要换班啊？也没听他说呀。"

"不是换班，他要换校了，他妈妈想让他去别的城市读更好的学校。"

"为什么？"

"你还不知道吗？听说他妈妈跟他爸……那个……离了。然后……"

我不知道那天下午在听安童说这话的时候是什么表情，我知道的是回家后我特没出息地把自己关在房间里哭了一个多钟头。

3

生活就是那么不幸，隔天我就发烧了，请了两天假。两天的时间也让我想明白了很多，明白了赵小贱为什么那么生气，明白了从来不喜欢比赛的赵小贱为什么突然就要跟我们一直讨厌的小混混比赛，明白了我为什么那么在意他对我的态度……

要上学那天，我在镜子面前演习了许多次向赵小贱道歉的表情，心底里暗暗告诉自己很多遍一定要态度柔和，语气诚恳，表情到位，坚持不懈，一举拿下……可是当我到校后安童告诉我赵小贱已经提前转学了的时候，我的大脑瞬间一片空白，说不出是什么感觉，只觉得特别可笑，我居然又一次缺席了赵小贱的重要时刻！世界上没有可以倒流的时光，也没有可以治疗后悔的药，怕是也不能挽回那些错过的人吧？

之后的日子过得平淡如水，安童因为骨折请了一个月的假，课间放学也再没有人死命地催我去看他打篮球了，因为接近期末考试，作业变得特别多。我突然发现自己如了妈妈的愿，变得文静乖巧，不顶嘴、不吵闹；可是我也发现，我不怎么爱笑了，或者说，我笑不出来了。

4

期末考试前几天，我正在教室里为一道数学题伤脑筋，班长对我说门房有我一封信，让我去取。

我慢悠悠地去了门房，心里在想估计又是姥爷写的让我好好学习之类的话。

我无聊地在那一堆乱七八糟的信件里翻，突然就翻到了一封淡绿色信封的信，寄信人那里写着我最近一直不敢想的名字——赵一舰。我当时特别激动，冷不丁地对门房大伯就说了一句："大伯，您今天特别不一样，看见您我跟看见人民币似的。"

大伯笑了："姑娘，我要真是人民币，就舒舒服服地躺那银行保险柜里了，谁乐意来当门神啊？"

也不知道怎么了，最近环绕在心头的阴霾好像一下子都散了，我居然又会开玩笑了。

回到教室的时候已经快上课，我小心翼翼地把信藏在书包里，整节课都下意识地去摸摸书包，觉得书包瞬间就变成了一个暖手袋，让我的心感到特别温暖、特别安定。

5

到家里拆开赵小贱的信时，我既害怕又期待——

我用了整整半个小时才看完赵小贱的信，一字一句认真地看，生怕错过字里行间一丝一毫的内容。赵小贱写了很多废话，比如叫我一定要每天开心，对自己好一点儿，多吃多喝，换季不要着凉……特别啰唆，但这么俗套的话却切切实实地把我感动了。他说他向我道歉，天知道现在我多么希望是我先向他道歉啊！

他在信封里放了几片蔷薇花瓣，已经晒干的。我记得赵小贱说过，他最喜欢晒干后的花朵了，虽然芳香淡去，但有着阳光的味道。我还记得，我对赵小贱说，我最喜欢蔷薇花，喜欢它的纯洁和芳香，而且它的花语我也喜欢。它的花语是思念。

6

夏天将要过去的时候，在一个阳光微暖的日子里，我给赵小贱寄了一封信，信里我也放了蔷薇花瓣。我说，夏天就要过去，秋天就要来临，林荫道上秋天的落叶很美，你一定要回来，我在每一个阳光微暖的日子里等你。

给 W 先生的五封信

夏南年

第一封信：遇见

　　W先生，请原谅我擅自这样称呼你，因为我喜欢用姓名开头的第一个字母称呼别人，而且我也不能跟神经病一样跑到你面前问你能不能叫你W先生吧。

　　这是自从2013年10月你被班主任调到我身边到2014年4月我放下你后想对你说的话。

　　那么这封信，补给2013年的10月。

　　你坐在我身边的第一天时，我潜意识里是有些排斥你的，不知道为什么，从小我就觉得和成绩好的人相处是件困难的事情。巧的是，那天正好是两周一次的数学周考，我两眼茫然地望着试卷，心里想的是为什么周考不考语文、政治、历史和地理。

　　你在一旁奋笔疾书，看样子根本不把那些题目放在眼里。于是我拼命把目光凝聚在你的试卷上，从你乱七八糟却胸有成竹的字迹中寻找到一题又一题的答案。

和你同桌的第一个星期里,我们唯一的对话就是我借你语文作业,你简单客套地说"谢谢"。那时真的想不到,后来我们会随心所欲扯起天南海北的事情,其实仔细想想,大部分时间都是我在说,你默默地忍受我占用你学习的时间。

嘿,W先生,现在想想,你真是好脾气呢。

孙燕姿在《遇见》里唱,我遇见谁,会有怎样的对白。

第二封信:时光

W先生,这封信补给2013年的11月。

那时候我们已经算是熟络了吧,如果熟络这个词语的意思是我可以随意把你写了一半的数学试卷抽过来抄,可以肆无忌惮地开你的玩笑,也可以在心情不好的时候把你的作业拿走看你无奈的样子的话。

我承认我不是个乖巧讨人喜欢的女生,但从小到大还没有哪一任同桌讨厌过我,你是第一个,如果那天你在课上说的是真的的话。

那是每周一节的外教口语课,从美国来的外教老师和新加坡的翻译每节课都会找一个主题提问题。

那节课的问题是:你觉得到了高中后,自己的生活发生了哪些变化?

外教口语课要求学生全部用英语对话,我英语水平一般,根本听不懂,于是在随身带着的本子上写童话。写得津津有味的时候,听到新加坡的翻译老师突然用很清晰的中文问你:"你不能忍受你的同桌是吗?"

全班一刹那安静了下来，我听到有人幸灾乐祸地说，你完了。其实我根本就没什么脾气，你这么说，我只是有点儿难过而已。

你说你是因为被点起来后不知道该说什么才会这么说的，但我的心里还是像被青柠檬的果香熏染了一般，特别酸涩。

也许那个时候你在我心里便有了一席之地了吧，只是我并不自知而已。感情是种很奇怪的东西，它总是喜欢乘虚而入，让我猝不及防。

嘿，W先生，即便是这样，在十五岁的花季里，喜欢过你，也并不是一件让我后悔的事情。

许巍在《时光》里唱，也许就在这一瞬间，你的笑容依然如晚霞般，在川流不息的时光中，神采飞扬。

第三封信：喜欢

W先生，这封信补给2013年的12月。

基本上每月一次的座位大调换随着月考的结束准时降临。平心而论，我最讨厌的事情除了学物理、化学、生物，就是换座位了。

每当班主任把排好的座位表摆在讲台上，我们就像一个个化学元素般开始组合，叽叽喳喳地抱怨即将发生的化学反应。这一次座位调换我尤其讨厌，因为昨晚在QQ上呼叫你发作业给我的时候，突然发现自己有点儿喜欢你了。

如果告诉同学，他们都会笑话我的，因为你不好看，性格很闷很无趣，每天只知道学习，跟我一点儿都不般配，没错，我就是那种老师和家长眼中只要不学习，就特机灵特聪明的那种。

除了我最不看重的成绩，我也不知道你哪一点好，更何况换座位的那天，你把QQ的个性签名改成了"换座位了，像是从地狱进入了天堂"。

我想可能你是真的很不喜欢我这种叽叽喳喳的性格，但我还是用了十几年积攒下来的勇气跟你表白。你说你现在不想谈恋爱，你说要不再等四年吧。

我在喜欢上你的时间里，从来没有想过要在一起，我说我喜欢你，只是简单地想让你知道而已。

但我还是喜欢缠着你给我抄作业，你的理科成绩好得让我难以置信。我觉得女娲在造人的时候，一定是多给了你一点儿什么，让你在那些我看着一个头就变成两个大的字母和数字里游刃有余。

嘿，W先生，你真聪明。

古巨基在《喜欢》里唱，喜欢你微笑的时候眼里藏不住的光，喜欢你的害羞，喜欢你的疯狂。

第四封信：你好吗

W先生，这封信补给2014年的1月。

我在新年来临的前一天晚上熬夜看宫崎骏的《侧耳倾听》，为了保证凌晨给你发祝福的时候不会睡着，好像只有在一年初始时的祝福才能让你真的幸福。

我说："新年快乐！"第二天看到你的回复："祝你也快乐。"明明是很客套的话，我却有一瞬间把它截图保存的冲动，喜欢真是一种奇怪的心情。

好朋友的男友转学了,她跟我聊到很晚,我说:"我们才高一,你妈妈管得那么严,一两年只见几次面,真的是谈恋爱吗?"

她说没关系的,她要努力学习,只有考好了,高考结束后才能告诉她妈妈早恋的事情。虽然听不到她的声音,我还是感觉到了她的兴奋和快乐。我在QQ上和你说了这件事,问你觉得他们能在一起三年吗。

你说可能性很小,但是也有这个可能。我理直气壮地说,这种事情的可能性就跟你喜欢上我一样,根本没可能。我不是厚脸皮,我只是喜欢想象我说我喜欢你时你带点儿无奈又带着点儿笑和不甘的表情。

嘿,W先生,有的时候觉得你真的挺好玩的。

周杰伦在《你好吗》里唱,墙上静止的钟是为谁停留,是不是和我一样赖着不走。

第五封信:中学时代

W先生,这封信补给2014年的4月。这是最后一封信,因为在这之后,我就再也不像仰望太阳那般仰望你了,我出文学社的社刊、写信、学习。时间真的是良药,不知不觉中我已经很久没有想起过你了。

最后一次默默地望着你是在四月初的运动会上,那天全班都要求穿校服,你穿着白色的校服衬衫站在阳光下特别干净,我用手中的小说做掩饰,悄悄把目光停留在你身上。

那时候我已经不找你聊天了，因为不知道该用怎样的理由。对你的喜欢带着一点儿特别的安静，是十五六岁的年纪特有的青春与萌动。

W先生，想要写这篇文字，仅仅是因为几天前爸爸突然问我："你还喜欢你的男神吗？"

我愣了一下才明白爸爸说的是你，虽然你的优点不多，但在我心里还是阳光一般的存在，即便是在现在。我不喜欢你了，不代表我忘记了你这个人，我们像经线和纬线，偶尔交织，偶尔又离得很远。

马上就要分班了，我是一定要学文科的，你一定会学理科，这样也好，我们的故事像蝴蝶般只停留了几个月的时光，然后，我用这一整篇的文字纪念。

水木年华在《中学时代》里唱，把百合日记藏在书包，我纯真的你，我生命中的唯一。

W先生，再见。

413 写着我们的故事

张芯语

初进413寝室，芯语不禁唉声叹气："为什么我要住进杂物室？"

三个女生，居然可以把一个偌大的空间搞成连站立都没位置的杂物室，太佩服她们了。芯语抽动着嘴角，极力控制住想换寝室的欲望，向三位女生打了一个招呼，希望她们可以给自己让个位进去。芯语卑微的请求，竟然被她们给无视了。

413寝室的姑娘都超级无敌个性。比如说，413寝室最大的特点就是墙上的挂纸。重点不是纸，是纸上四个大字：禁止放屁。第一次看到这四个大字，我以为是为了保证寝室空气清新。在我明白实情之后，满脸无奈。安妞原句："这字是我写得最好看的一次，挂起来，供你们欣赏。"

413寝室月月被评为"卫生最佳奖"。别怀疑，事实的确如此。

平常，413寝室的卫生确实不怎么样，安妞的袜子堆成一小坨一小坨地扔在床上，除非放得太臭，被我们赶进卫生间洗袜子，她才会抱着她的一小坨一小坨，不情愿地扭着娇臀拐进卫生间。再比如说莫小的被子，那么一大坨地堆在床上，毫无美感，晚上钻进一大坨，白天钻出一大坨，中午把一大坨往里挤挤，然后趴在一大坨的旁边看小说、嗑瓜子，终日与一大坨相伴。芯语和夏若的书桌也是杂乱无敌。身为文科生的她俩，每天晚上都会头对头地在课桌前纠结物理题，芯语在纠结，夏若在纠结，纠结不通芯语就把物理往桌上随意一甩，夏若也把物理随意往书桌上一甩，久而久之，甩来甩去，书桌上大坨小坨纵横遍布。所以，站在413寝室门口，抬眼望去，四个女生的寝室，大坨小坨，小坨大坨……

可是，我们到底是为什么可以月月被评为"卫生最佳奖"呢？唉，用夏若的话说，我们占据了天时、地利、人和。

413寝室位于寝室最高层下面一层，每次值周生突击检查，当然，从一楼开始，"特务"莫小同学就会飞速冲进413寝室："姐妹们，快，检查了！"于是，413寝室的四位女生异常团结，嗑瓜子的也不嗑了，听歌的也不听了，练数学题的也不练了。夏若、安妞、芯语，飞速冲向自己的大坨小坨前。安妞迅速抱着她的臭袜子冲进卫生间，莫小迅速展开被子，叠得跟豆腐块一样。夏若、芯语迅速把书垒好放好，零食、MP3、手机收进柜子，然后拿抹布四处抹开。安妞洗完袜子后又拿起扫帚，旮旮旯旯地扫一遍，同时摆好鞋子。莫小会往空中喷加了水的香水，压住灰尘与臭味。最后打开了专门为检查准备的轻音乐，四位女生淑女地坐在桌前看书，等着值周生敲门……

关于413寝室的减肥计划，我可以小讲一下。

某一天，以安妞为首，莫小、夏若为帮凶的"减肥党"，忽然无比郑重地站到正在奋力啃鸡腿的芯语身边，问芯语要不要加入她们的减肥组织。芯语毫不犹豫、含糊不清地说："没门儿！"在惨遭三人鄙视以后，芯语被要求负责监督她们。

安妞的减肥计划如下：

只吃早饭、午饭，一周只吃两次肉，晚上断绝一切食粮。

这份貌似言简意赅的减肥计划减了芯语，肥了安妞、莫小、夏若。

某天，芯语正在为一盘鸡翅奋斗。

安妞："芯芯，这个鸡翅上的毛没拔干净！你看你看，这里这里这里……"

芯语："如果真的没拔干净，你肯定会幸灾乐祸地看我吃完，然后哈哈大笑一下午！"

莫小："芯芯，这只鸡翅曾经掉到地上滚了一圈，但是厨师只是拿抹布擦了一下就给你端上来了哦！"

芯语："我怎么不知道你跟厨师混熟了，还跑厨房去监督工作？"

夏若："这曾经是一只多么可爱的鸡啊！它，哦，它就这样，就这样……"

芯语："你以为我不知道你在这个世界上最讨厌两种动物，一种是鸡，一种是蛇。"

嫉妒，这就是嫉妒！赤裸裸的嫉妒啊！

终于，在一个晚自习后，我们正坐在课桌前学习时，安妞忽然抬头。

安妞："我饿了，我们要外卖吧！"

莫小："太好了太好了！我也饿了！"

芯语:"这么晚了有外卖吗?"
夏若:"没关系没关系!我早就准备好了!看!麦当劳电话!"
芯语:"那你们的减肥计划……"
安妞:"少提!谁再跟姐提那个该死的减肥计划,姐跟谁拼命!"
夏若、莫小(欢呼):"太好了!"
芯语:"拜托,受折磨的明明是我好不好!"
就这样,413寝室的减肥事件无疾而终。

属于413寝室的独家记忆短暂且美好。我希望,早已分开的我们,再想起这些事,就算不在一起,也还像在一起一样,能笑得好开心,好开心。